语言学习的认知神经机制

薛红莉◎著

安徽师范大学出版社
ANHUI NORMAL UNIVERSITY PRESS
·芜湖·

图书在版编目(CIP)数据

语言学习的认知神经机制 / 薛红莉著. —芜湖：安徽师范大学出版社，2023.11

ISBN 978-7-5676-6128-8

Ⅰ.①语… Ⅱ.①薛… Ⅲ.①语言学习—研究 Ⅳ.①H09

中国国家版本馆CIP数据核字(2023)第063860号

YUYAN XUEXI DE RENZHI SHENJING JIZHI

语言学习的认知神经机制

薛红莉◎著

责任编辑：李　玲　吴俊瑶　　责任校对：何章艳

装帧设计：王晴晴　姚　远　　责任印制：桑国磊

出版发行：安徽师范大学出版社

芜湖市北京中路2号安徽师范大学赭山校区　邮政编码：241000

网　　址：http://www.ahnupress.com/

发 行 部：0553-3883578　5910327　5910310（传真）

印　　刷：苏州市古得堡数码印刷有限公司

版　　次：2023年11月第1版

印　　次：2023年11月第1次印刷

规　　格：700 mm × 1000 mm　1/16

印　　张：12.25

字　　数：165千字

书　　号：ISBN 978-7-5676-6128-8

定　　价：49.80元

前　言

语言是一套构造复杂的符号系统，是人类重要的交流的工具。在信息化和全球化的今天，学习一种或多种语言对于个体的生存和发展发挥着越来越重要的作用。理解语言学习的认知神经机制可以有效促进个体语言的学习以及帮助语言障碍者恢复正常功能，因而对于教育实践和临床治疗都有着重要的指导意义。

语言学习的认知神经机制是认知神经科学的重要研究领域。使用语言是人类特有的技能，也是人类最复杂的行为之一。掌握一门语言意味着习得语音、语义、字形、语法等多个方面的信息，并且能够非常快速地将这些信息与语境信息相整合，从而实现语言的理解和生成。如此具有挑战的学习任务，儿童和成人学习者究竟是如何完成的？第二语言的学习和母语的学习有什么异同？语言障碍的形成原因是什么？二十多年来，随着脑成像技术的出现和不断发展，研究者得以从认知行为和神经生理等多个层面对这些基本的科学问题展开探讨，积累了丰富的研究成果。

语言学习认知神经机制的研究为解决语言学习的影响因素提供了科学证据。在语言领域，有关语言知识是与生俱来的先天论观点在20世纪80年代占据主导定位。但是，自从统计学习机制在婴儿语音学习中的作用被发现，越来越多的研究证据指向了先天（遗传）与后天（环境）相互作用的观点，即婴儿与生俱来的初步认知加工能力作用于外部语言输入，从而习得了语言，并在这个过程中获得了认知加工能力的发展。神经理论的研究进一步揭示了语言学习是先天的脑发育基础及其所支持的认知功能与学习经验之间相互作用的过程。已有研究发现经典的语言皮层具有加工语言的先天适宜性，同时语言经验也对语言相关的脑结构和脑功能起到了塑造作用。

此外，语言学习也为认识大脑结构与功能的关系提供了新的发展视角。已有研究已经揭示了学习母语和第二语言对于大脑结构和功能的塑造作用，揭示了不同的语言文字系统如何选择性地塑造特定的认知加工能力及相应的神经回路，以及先前的语言经验和新经验之间的交互影响如何引发神经活动模式的重组，等等。这些研究在揭示基本科学规律的同时，也为基于脑的可塑性的教育和临床治疗提供了科学依据。

本书针对语言学习的成分、语言学习的认知理论、神经系统的结构和功能、语言学习的神经机制、语言障碍、第二语言学习、语言学习的个体差异以及语言学习的促进方法等八个核心问题，系统总结和梳理了当前国内外语言学习认知神经机制的研究成果和新进展。希望本书能得到心理学、语言学和神经科学领域读者的批评指正。

薛红莉

2023年9月20日

目　录

第一章　语言学习的成分 ……………………………………1

第一节　语音学习 ……………………………………1
第二节　语义学习 ……………………………………5
第三节　音义联结学习 ………………………………10
第四节　字形学习 ……………………………………14
第五节　形音联结学习 ………………………………22

第二章　语言学习的认知理论 ……………………………26

第一节　阅读的双通路模型 …………………………26
第二节　双通路模型的行为证据 ……………………27

第三章　神经系统的结构和功能 …………………………36

第一节　神经系统的结构 ……………………………36
第二节　神经系统的功能 ……………………………49

第四章　语言学习的神经机制 ……………………………61

第一节　语音加工的神经机制 ………………………61
第二节　字形加工的神经机制 ………………………63
第三节　语义加工的神经机制 ………………………72
第四节　阅读的神经网络 ……………………………73
第五节　阅读的神经双通路机制 ……………………84

第五章　语言障碍 ……97
第一节　语言障碍的分类 ……97
第二节　阅读障碍 ……103
第六章　第二语言学习 ……113
第一节　不同文字系统神经机制的差异 ……113
第二节　第二语言学习的神经机制 ……120
第三节　母语与第二语言学习的关系 ……123
第七章　语言学习的个体差异 ……130
第一节　语言各成分学习的个体差异 ……130
第二节　语言学习个体差异的神经机制 ……134
第三节　语言学习个体差异的影响因素 ……142
第八章　语言学习的促进方法 ……147
第一节　行为训练方法 ……147
第二节　神经生理调节方法 ……159
主要参考文献 ……183

第一章　语言学习的成分

第一节　语音学习

婴儿的语言学习始于语音学习。20世纪七八十年代，研究者普遍认为婴儿在习得语言的过程中语言输入是贫乏且残缺不全的，然而他们习得语言的速度却快得惊人。因此，研究者推断婴儿的语言知识是先天获得的。1996年，Saffran等人在*Science*上发表的文章指出了统计学习在婴儿语音学习中的重要作用。可以说，这一发现开启了有关语言学习认知神经机制的实证研究时代。

在Saffran等人的研究中，他们考察的是婴儿从持续的语音流中切分出单词的认知机制。对于婴儿来说，单词的切分是一项很有挑战性的任务，因为自然的语音流中单词之间并没有明显的间隔和停顿。那么，婴儿是如何切分出单词的呢？该研究发现，8个月大的婴儿就可以通过统计相邻音节之间的转折概率来将单词切分出来。该研究采用人工合成的连续的语音流为实验材料，如“golabupabikututibubabupugolabubabupu···”，它由四个多音节单词组成：“golabu”“pabiku”“tutibu”“babupu”。在听了这样的语音流短短几分钟之后，婴儿能够将这些单词与横跨两个单词的“部分词”区分开来，如“labupa”由“golabu”的后两个音节和“pabiku”的第一个音节组成。两类单词之间匹配了单个音节出现的概率，所不同的是，真词内两个音节相继出现的概率较高，而后一类单词中第二个和第三个音节之间以该顺序出现的概率较低。这一发现提示婴儿能够统计语言输入中两音节相继出现的概率，将相继出现概率较低的音节间作为单词与单词的界限。

这一研究结果表明，婴儿的学习能力是被低估的，婴儿至少拥有强大的统计学习能力。Saffran等人通过研究发现这是一种领域一般性的学习机制，指的是学习者对输入信息中的统计特征比较敏感，通过对大量信息内隐的统计，发现输入信息中的结构和规律。除了单词切分，统计学习几乎在语言每种成分的学习中都发挥着重要作用，例如语义学习、音义联结学习、字形学习和形音对应规则学习等。

语音学习的另一项重要任务是音位类别的学习。音位是语音系统的基本单元。尽管每个语言中的音位仅有40个左右，但是习得这些音位并不简单。原因在于自然条件下每个音位都存在很大的变异，它们因发声者的发音器官的特征、方言的发音习惯而不同，受到语速和单词内邻近音位的影响，并且容易为噪声所掩蔽。但大量研究发现，婴儿在出生6—12个月期间，就逐渐习得了母语中的音位类别。同时，婴儿也在这一期间逐渐失去了对非母语音位的辨别能力。已有研究揭示了音位学习的一些认知机制，其中就包括统计学习机制。

婴儿和成人学习者均对语言输入中音位分布的特征敏感，并依照这些统计分布建立起相应的语音类别。早有研究显示音位的类别划分与语音在某些语音学特征上的分布相对应。比如，印地语中有三个爆破音，而在英文中只有两个。这与两种语言里辅音起始时间的分布情况相一致：在印地语中是一个三峰分布，而在英语中是一个双峰分布。如果儿童能够对这些统计信息进行累积，那么他们就可能由此习得相应的音位类别。2002年，Mayer等人首次为这一统计学习的假设提供了证据。研究者给6—8个月大的婴儿听一系列分布在/da/和/ta/连续体上的音节。该语音输入有两种情况：双峰分布和单峰分布。如果婴儿对这一统计分布敏感，那么在双峰分布条件下，他们应该习得两个音位类别，而在单峰分布条件下，则习得一个音位类别。实验结果和预期一致，在测验中，接受双峰分布刺激的婴儿能够区分第3个音和第6个音，而接受单峰分布刺激的婴儿则不能对二者进行区分。2008年，Mayer等人的后续研究采用不同的音位测验重复了该实验，并且发现了训练的效果能够迁移到类似音位的区分上。

当然，统计学习并不是语音学习中唯一的认知机制。例如，在音位的学习中，对于分布相重叠的音位（如/æ/和/ɛ/），统计学习本身并不能将它们区分开，某种反馈机制的参与是十分必要的。2009年，McMurray等人采用高斯混合模型，发现对于重叠的分布，还需要有额外的机制来将它们分割为不同的类别。该模型发现，如果分布之间互相竞争，比如让与输入最相符的分布胜出，重叠的音位就会得到区分。这项研究与McClelland等人2002年探讨成人学习区分非母语音位的实验异曲同工。另外，反馈并不局限于外显的、直接的形式，多方面的信息可以起到反馈的作用。有研究表明，单词水平的信息，如单词的语音和语义也能够提供自上而下的反馈，促进音位的区分和学习。对于6—8个月的婴儿来说，/I/和/ɛ/是两个非常接近的元音。2013年，Feldman等人的研究发现，如果这两个元音多次在两个不同的单词中出现，在后面的测试中婴儿就可以将二者区分开。相反，如果这两个元音出现在非常相似的单词中，婴儿仍然不能把它们区分开。2007年，Thiessen的研究采用了更加复杂的单词学习任务，在15个月大的婴儿身上也发现了类似的单词语境效应。另外，Yeung和Werker 2009年的研究发现，和语音同步出现的视觉物体也能够促进相似音位的学习。2013年，Feldman等人的研究采用贝叶斯模型，模拟了单词水平信息对音位学习的促进作用。与上述研究结果一致，该研究显示单词的学习并不是在音位习得之后才开始的，二者是同时进行的，并且音位水平的学习得益于单词水平的学习。

对于单词切分而言，统计学习并不能总是奏效。2001年Johnson和Jusczyk以及2019年Floet等人的研究表明，单词的切分是由多个线索共同支持的，比如重音模式、语音组合规则以及已习得的单词。尽管每个线索都只能提供一定概率水平的，而非百分之百确定的信息，但是多个线索的结合保证了切分的准确性。就重音模式而言，1987年，Cutler和Carter的研究发现，英语中90%的实词都呈强弱模式，即首音节是重音音节，末音节为非重音音节。1999年，Jusczyk等人的研究发现，婴儿对强弱模式单词（如“kingdom”）的切分要早于对弱强模式单词（如“guitar”）的切分，前者在婴儿7个半月时就可以实现，而后者要到婴儿10个半月以后才可以实现。该发现表明，重音模式的掌握为切分单词提供了线索。另外，婴儿渐渐习得了语音组合规则，并利用这些规则来划分单词间的界限。比如，在英语中/mg/这两个音的组合是不合理的，如果这两个音相邻的话，婴儿就会认为它们属于不同的单词，从而实现切分。婴儿已经学会的单词也是切分的有效线索。Bortfeld等人2005年的研究发现，6个月的婴儿会利用熟悉的词，比如“mommy”，将其该词相邻的音节切分开。因此，当婴儿习得的单词越多，切分就会变得更容易，婴儿也因此能够更有效地习得更多的新单词。

有关脑发育的研究表明，新生婴儿在处理语音时就出现了与成人相似的左侧化。2002年，Dehaene等人的研究发现，3个月的婴儿在处理语音时已经出现与成人相似的左脑颞上回和角回激活。2011年，Homae等人的研究发现，3个月的婴儿听到语音时，双侧颞顶、前额和枕区的氧合血红蛋白信号增加，脱氧血红蛋白信号减少，表明包括额叶和颞叶在内的大尺度脑网络是婴儿语音处理的重要脑基础，在语言习得中发挥重要作用。2016年Bosseler等人的研究以及2004年Mills等人的研究，分别揭示了婴儿区分音调、音节和相似词汇的神经基础。

此外，一些脑成像研究为母语语音的学习对加工非母语语音的影响提供了神经水平的证据。2013年，Bosseler等人采用脑磁图（Magnetoencephalography，简称MEG）技术研究发现，12个月大的婴儿和成人在听非母语的音节时，其大脑的θ波比听母语的音节时明显增强，而6个月大的婴儿在听两种语言的音节时则没有表现出明显差别，表明前者在加工非母语语音时更加困难，需要更多的认知资源。这些研究与行为实验的结果一致，表明随着母语输入的累积，婴儿逐渐建立了母语的音位表征，失去了对母语中不存在的音位的精确辨别能力。

另外，也有一些脑成像研究为认识语音学习中统计学习机制的本质提供了有益的信息。例如，2013年，Karuza有关单词切分的功能性磁共振成像（functional Magnetic Resonance Imaging，简称fMRI）研究发现，随着语音输入的累积，左侧额下回以及双侧的尾状核和豆状核的激活都增强了。该结果表明，额下回和这些皮下核团构成了一个通路，可能由前者调控着统计学习的进行。此外，2012年McNealy等人对成人和儿童与单词切分过程有关的神经过程进行了比较，结果发现儿童在背侧顶叶区域引起了更强的激活，表明儿童在切分过程中需要征用更多与注意和工作记忆有关的神经回路，切分任务对儿童来说更为困难。

第二节　语义学习

概念，是指人类知识的基本单元，包含人们对物体和事物、动作和行为、特征和关系等的认识，是认识环境、理解语言、进行推理等思维活动的重要基础。语义特指单词所指代的概念表征。有的单词的语义和其指代的概念相重合，有的则只包含概念内涵的一部分。

早在学会单词之前，儿童就可以通过对环境的探索，抽象地概括出物体的定义特征和特征之间的关联，建立起一些具体的概念。比如，狗是一种四条腿、有尾巴、会汪汪叫的小动物，交通工具是有轮子的、会跑的东西。有研究表明，在一定程度上，单词语义的学习就是将单词和它所指代的概念联系起来的过程。这个过程对于一些简单的具体概念，比如“狗”，是比较简单的，因为“狗”这个单词所指代的意义和儿童已经建立起来的“狗”的概念基本是重合的。

但是对于很多其他单词来说，单词语义和概念之间的差别较大，因此将这些单词和已有的概念联系起来就困难一些。以动词为例，儿童和成人对于动作的表征涉及较多的特征和维度，而他们所理解的动词则仅包含少量的语义特征。比如，在学习“相撞”这个概念时，如果没有给出这个动作的名称，学习者就会使用一系列相关的特征来表征这个动作，包括这个动作中涉及的物体的特征、物体运动的特征以及事件的结果；但是如果给出了这个动作的名称，学习者则会将其表征为两个移动的物体互相接触，不包含所涉及的物体的特征以及撞击的结果。也就是说，在学习动词时，学习者对动作概念的表征进行了选择，他们往往只关注那些更关键的特征，忽视其他特征。但是，语义对概念表征的选择并不意味着概念的表征被删减了，事实上，语义表征和更丰富的概念表征是同时存在的。

单词语义的学习除了通过对概念的直接经验来获得，也可以通过口头或书面的语言输入间接实现。2000年，Bloom等人的研究表明，句子语境中提供的语义和语法的信息都对儿童学习新单词的语义起到了促进作用。比如，整体的句子语义和句子中的某个单词的语义为学习新单词的语义提供了线索。比如，当儿童听到“Do you want me to buy some lobster for dinner”时，可以推测“lobster”指的是某种食物。另外，根据内隐语义分析理论，语义知识不但包含单词所指代的意义，还包括与该单词有着某种语义联结的信息，以及经常同时出现的词汇，比如“夏天”和“知了”，“冷”和“热”，这样广义的语义知识的获得可能更加依赖于语言经验和语境提供的信息。但是，目前探讨这类语义知识是如何获得的研究还比较少。单词的语法类别也为理解单词的语义提供了线索，尽管它只能够提供比较粗略的语义信息。比如，“This is a dog”这个常见的英语句子，其中的冠词“a”的使用提示“dog”是一个可数的物体；而听到“I would like to clean our room”这个句子时，儿童可以推测“clean”是一个动词，指的是句中的“I”要对“room”做的某种动作。

儿童对概念的学习中有两个相关联的重要现象：概念的逐步分化和抽象概念的自然出现。1979年，Keil让儿童判断某个特征是否适用于一个物体，比如可不可以说一个椅子感到很难过？可不可以说一个电影有一个小时长？通过收集儿童对这些问题的反应，Keil画出了不同年级儿童的“表征树”，揭示出随着儿童年龄的增长，他们对概念的区分越来越细致和精确。2002年，Pauen的追踪研究发现，8个月的婴儿对概念的区分是比较粗糙的，而12个月的婴儿则能进行细致的区分。随着学习的深入和经验的增长，婴儿习得了更抽象的概念区分，比如有生命的物体和没有生命的物体、固体和非固体。儿童逐渐习得固体的类别是通过形状来组织的，如球基本上都是圆形的，杯子基本上都是圆台形的、有口的，而非固体的类别是通过材料来组织的，如牛奶是有点黏稠的液体，橡皮泥是可塑的类似泥土的东西。

对于以上两种概念重组现象的内部机制，2003年，McClelland和Rogers基于并行分布式加工的联结主义模型提供了解释。如图1.1所示，在这个模型中，输入层包括概念名称（Item）以及概念之间的关系（Relation）两部分，输出层为特征层（Attribute）。这个模型的任务就是在给出概念名称和关系名称之后，激活正确的特征。比如，在给出“canary”和“can”之后，模型应该激活“fly”“sing”“move” "grow"等。在训练开始时，模型中各层之间的联结权重是随机的，通过基于错误的学习规则，模型逐渐建立起正确的联结。在给出输入后，模型中隐含（Hidden）层的激活情况代表了模型对于该概念的内部表征。结果发现，随着学习的进行，不同概念输入在隐含层引起的激活模式越来越分化。初期层与层之间的联结是逐步建立的，在学习的开始自然只能体现多个区别特征的集合效应（动物和植物之间在很多特征上是截然不同的），而随着正确联结的增加，只需少数的区别特征就足以引起不同的激活模式。研究者还计算了隐含层激活模式之间的欧式距离，并将该距离投射到二维的空间中，结果发现了不同抽象水平的聚类。因此，虽然模型中没有直接训练这些类别，但是由于含有相同的特征，类别作为学习个体概念任务的副产品自然而然地出现了。

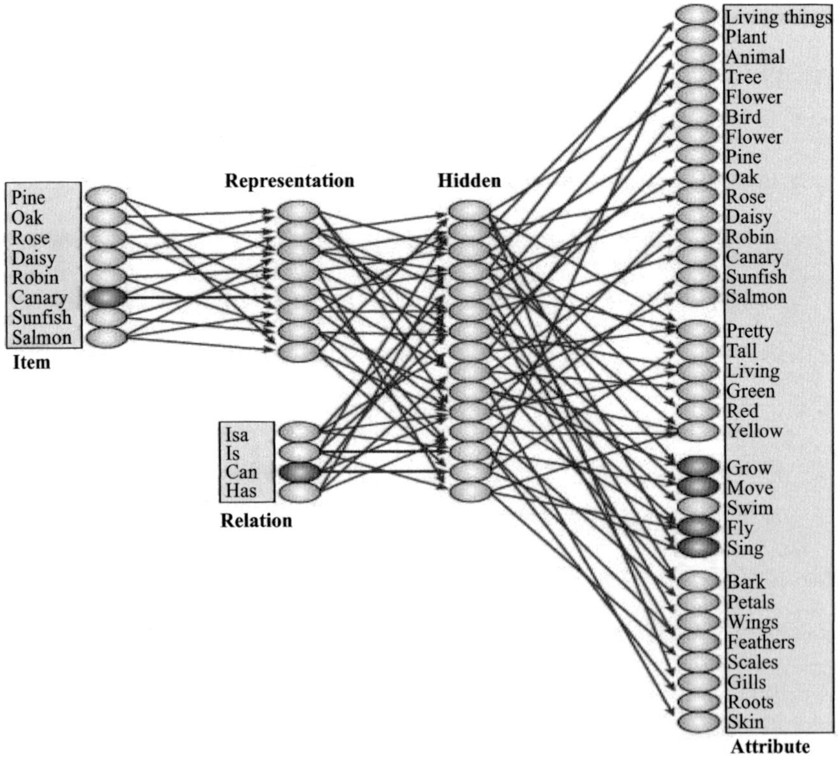

图 1.1　语义学习的联结主义模型

目前，已有大量研究考察了成人语义记忆系统的神经表征，揭示了各类别物体神经表征的空间分布情况，以及抽象概念的神经表征方式和抽象概念两种分类方式的神经表征。但是，目前关于单词语义学习和语义系统发展变化神经机制的研究还非常少。

2011年，Visser等人的研究采用fMRI技术，揭示了新的概念特征习得之后对原有的概念表征重组的神经机制。该研究采用两张人脸图片和两张房子图片为实验材料，训练中在一张人脸图片和一张房子图片呈现之后，给被试施加微弱的电击，而在另一张人脸图片和另一张房子图片呈现之后则不给被试施加电击。该研究采用表征相似性分析（Representation Similarity Analysis，简称RSA），描述了在训练过程中四张图片之间的神经表征相似性的变化。结果发现，在额上回、额下回和顶上小叶，得到电击强化的两张图片的神经表征相似性逐渐升高，并且高于自然类别下两张图片之间的相似性（人脸与人脸、房子与房子）。这一发现表明，在习得了图片材料的新的意义以后，原有的分类向新的分类转化。

2007年，Weisberg等人的研究考察了某个物体的功能性特征习得所引起的神经表征的变化。该研究包括前测、训练和后测三个部分。在训练阶段，被试有机会动手操纵新的物体，学习其功能。在后测和前测中，被试需要判断同时出现的一对物体的图片表示的是否为同一物体，并接受fMRI扫描。结果发现，训练之后，与运动、操纵物体以及工具类有关的区域（颞中回、顶下小叶、前运动皮层和内侧梭状回）激活出现增强，而表征人脸和有生命物体的区域（外侧梭状回）激活则减弱。该研究提示，对物体的功能训练使得它们从没有任何其他意义的视觉物体转变成了具有功能属性的物体，获得了工具的类别属性。

以上研究为我们认识概念学习导致的语义重组的神经过程提供了

有益的信息和借鉴。但是，要全面揭示语义概念学习的神经机制还需要进行大量系统的研究，这也是今后语言学习领域的一个重要研究方向。

第三节　音义联结学习

早期研究认为，建立单词的语音和语义的联系是一个非常快速的配对学习过程，基本上一次就可以学会，因此也被叫作快速匹配学习。近年来，这方面的研究取得了重要的进展：一方面，行为水平的研究发现，这个领域的早期实验混淆了加工效应和学习效应，高估了个体的学习速度；另一方面，一些神经水平的研究围绕快速匹配是否需要海马皮层的参与展开了一些探讨。

1978年，Carey和Bartlett做了关于快速匹配的研究。实验中，老师拿出了两个盘子（一个是“chromium”色，一个是蓝色），让3—4岁的儿童选出“chromium”色，而不是蓝色。由于儿童已经认识了蓝色，所以儿童成功地将不是蓝色的盘子和这个新单词对应起来，并在一周以后从六种颜色的拼盘中选出了“chromium”色。由此研究者认为，儿童可以在日常的生活情景中，根据熟悉的单词等信息推测出新单词所指代的意义，并且只需一次或几次的学习经验就足以留下一个记忆痕迹，使得随后的经验能够对其有限的语义表征进行补充。这一研究结论得到了大量后续研究的验证。然而，所有这些研究都存在一个共同的问题，即后测任务可以通过推断而不需要记忆存贮就可以完成。2008年，Horst和Samuelson进行了新的测验，其中除了儿童刚学过名字的物体外，还加入了另一个新的物体。结果发现，仅仅在5分钟之后，儿童就不能够选择出正确的物体。这一结果提示，在一次经验之后，单词和语义之间的联系并没有得到保持。这一发现极大地转变了人们对于快速匹配的理解：快速匹配所体现的仅仅是短时间内的选择，它所留下的学习痕迹是非常微弱的。

2012年，McMurray等人采用计算机模拟的研究范式，发现模型中代表学习的联结权重在一个快速匹配经验之后确实得到了改进，但是其改变的幅度是很微小的；尽管一次的经验不足以导致学习，但是跨多个情景就可以看出单词与物体之间的对应关系。比如，在一个情景中“狗”这个单词与狗、球和绳子同时出现，在另一个情景中可能有狗、猫和花。这样，随着经验的累积，儿童就学会了狗是和单词“dog”同时出现最频繁的物体，也就能推出这个单词所指代的语义。跨情景统计单词和物体之间共同出现的概率，揭示儿童和成人可以习得二者之间的配对关系。这里强调学习是一个缓慢的过程，每一次经验后大脑只留下微弱的记忆痕迹，但是多次经验之后，重复配对的记忆痕迹得到不断的增强，儿童和成人对单词与物体间配对的确定性也大大提高了。

神经水平上关于快速匹配的研究集中在两个方面：一是快速匹配发生的神经指标；二是快速匹配是否需要海马皮层的参与。一些研究采用脑成像技术实时记录快速匹配过程中的大脑活动，揭示了快速匹配可以快速实现的神经证据。2007年，Mestres-Misse等人使用脑电波（Electroencephalogram，简称EEG）技术记录了语义习得时的神经活动。在这个研究中，成人被试需要默读视觉呈现的句子，并根据语境推测句子末尾新单词的语义。该研究所使用的单词学习的指标是N400，该成分对语义敏感，在语义完整的句子中波幅比较低。结果发现，在一个新单词出现三次以后，它所引起的N400成分就降到了真词的水平。2010年，Borovskey等人采用同一范式，发现在新单词仅仅出现一次以后，就可以得到相似的N400效应。2008年，Friedrich等人给12—14个月的婴儿呈现两种单词-物体的配对：一种是一致的配对，其中某个单词总是和同一物体的图片同时呈现；另一种是随机的配对，每个单词随机地和不同的图片同时呈现。该研究发现，从第5次呈现开始，不一致的配对就在额叶区域引起了N200–N500成分，在顶叶区域引起了N400成分。而且早在前4次呈现时，也观察到了N200–N500成分，表明单词语义的记忆在第2—3次经验时已经发生了。2011年，该组研究者以6个月的婴儿为被试，采用相似的实验任务，也发现从第5次呈现开始，婴儿在加工不一致的配对时，出现了一个额叶的P100成分和一个N400成分，表明婴儿在大约4次经验后就可以习得单词和语义的配对。该研究还在一天之后进行了后测，不一致的配对仍然能够引起P100成分的变化，但是没有出现N400成分。因此，与行为水平的研究一致，尽管婴儿可以很快地学会单词和语义的配对，但他们的记忆巩固过程还很不完善，没有建立起稳定的长时记忆表征。

由于快速匹配通常被认为是快速习得随机配对的过程，符合陈述性记忆的特点，所以自然有研究关注和陈述性记忆有关的海马区在其中的作用。2005年，Breitenstein等人采用fMRI技术，让成人被试学习45个单词和图片的配对。该研究发现，随着学习的进行，海马区的激活程度和学习成绩呈负相关关系，提示该区在快速学习单词和图片配对中的作用。2008年，Mestres–Misse等人要求被试默读视觉呈现的句子，并根据语境推测句子末尾新单词的语义。该研究采用fMRI技术记录了学习过程中被试的大脑活动，发现中部颞叶和尾状核都有激活。

然而，2012年，Sharon等人以海马组织深度损伤的病人为被试进行的研究，却得出了单词和语义的配对可以独立于海马组织进行的结论。该研究以4个海马组织深度损伤的病人为被试，通过快速匹配的范式教给他们新的单词和语义的配对。在快速匹配阶段，被试看到一个新的物体的图片和一个被试熟悉的物体的图片，同时听到一个描述新的物体的句子，其中含有该物体的名字。显然，这个任务中有足够的信息帮助被试推断出新的单词所指代的物体。在随后的识别测验阶段，被试听到一个单词，这时三个新物体同时呈现，被试需要选择出哪一个是单词所指代的物体。识别测验的结果显示，这些被试成功地习得了这些配对，而且在一周后的测验中他们的成绩仍然显著高于概率水平。因此，该研究提示单词和语义的配对可以独立于海马组织进行，而在新皮层的某些区域实现。不过，该发现并没有被后续采用相似的实验范式的研究所重复。其中，2014年，Smith等人同样以双侧海马组织损伤的失忆症病人为被试，发现他们无法学会新的单词和语义的配对。2014年，Warren和Duff以海马组织深度损伤和中度损伤的两种病人为被试进行研究，结果发现尽管海马组织中度损伤的被试在一定程度上习得了单词和语义的配对，但海马组织深度损伤的病人则没有学会。重要的是，即便是海马组织深度损伤的被试，他们在快速匹配阶段也能够选出正确的图片，因此可以推测出单词的语义与记住单词和语义的配对是两个不同的过程。

综上，与行为实验和计算机模拟研究相符，神经水平的研究也发现了建立单词和语义之间的联结是一个快速的过程。但是，关于这一过程是否只能留下微弱的记忆痕迹，目前还没有一致的结论。尽管Sharon等人2012年发现海马组织损伤的病人能够将这一联结保持很长时间，但该研究的发现并没有得到后续脑损伤研究的重复。在正常被试身上，目前只有Friedrich等人2011年以婴儿为被试的研究发现了快速匹配中形成的记忆并不清晰，但是婴儿的记忆功能还不完善，这一发现并不能推广到正常的成人身上。后续的研究需结合脑损伤和脑成像技术继续探讨海马区在快速匹配中的角色，并且需要采用多次测验，以揭示快速匹配之后记忆痕迹消退和巩固的神经机制。

第四节　字形学习

字形的学习是书面语言学习的基础，一般晚于语音和语义的学习。字形的视觉属性决定了其学习过程中必然涉及视知觉学习的成分，但同时由于字形表音、表义的语言属性，也决定了其学习过程中必然有语言特异性。看清一个文字可能只需要几秒钟的时间，然而在这短暂的时间内，却包含着复杂的认知加工过程。个体首先需要对书写文字进行一系列的视觉分析，包括对各个部件的位置、组合规则的分析，然后才能获得文字的正字法信息。因此，字形的学习不仅包括视知觉的学习，还包括对字形本身的学习。另外，已有研究揭示，书面文字的学习经验不但塑造了左侧梭状回的功能，也对一般视觉加工产生了一定的影响。

一、视知觉学习

虽然语言领域中的大量研究强调了语音加工能力（如表音文字中的语音意识）在学习阅读过程中的作用，但是正常个体阅读文字是从视觉刺激进入眼睛开始的，由此可见，视知觉加工和学习对于学习阅读具有不可忽视的作用。越来越多的研究也证实了这一发现，例如，视知觉加工与阅读速度有关，视知觉加工缺陷会引起阅读障碍等。更有意思的是，人们可以通过视知觉训练改变阅读能力。

阅读时，看似很大范围的文字都进入了视野，但人类视觉系统最敏感的部位集中在中央凹附近，进入这一区域的视觉刺激才会得到精细加工。视觉系统的这个特点决定了一次注视中仅有几个字母在视觉广度内得以同时加工。视觉广度的这种局限性与视知觉加工中的拥堵现象有关。拥堵现象指加工目标刺激时受到相邻干扰刺激影响的现象。干扰刺激越近，干扰越大，识别目标刺激越困难；干扰刺激渐渐远离时，目标刺激又得以识别。当目标刺激刚好可以被识别时，目标刺激和干扰刺激之间的距离与离心率的比例反映了拥堵效应。这个比例越大，反映出个体的拥堵效应越大。阅读时，不论是同一个单词中的字母，还是不同的单词，基本都分布在外周视野，会受到拥堵效应的影响，因此在移动眼睛前只能同时加工有限的字母。研究发现，个体阅读速度受到拥堵效应的影响，拥堵效应越大，阅读速度越慢。

视觉系统的特性决定了阅读中视知觉加工需要牵涉到正常的眼动控制、视空注意、视觉搜索等，才能最后由视觉皮层来实现对单个字母的识别。由此可以推断，视知觉加工缺陷可能会引起个体的阅读障碍，这在以往许多研究中得到了证实。

1999年，De Luca等人发现，一组意大利语阅读障碍儿童比正常对照组在阅读过程中所能同时注视的字母更少，同时也需要更长的注视时间才能转移到下一个字母，这反映了阅读障碍儿童在单词注视中提取信息的能力可能有所损伤。研究者们推断，这可能与阅读障碍儿童拥堵效应异常有关。这一结论在随后的研究中得到了证实。例如，2002年，Spinelli等人的研究发现，与正常对照组相比，当缩短单词中字母间的距离时，阅读障碍者发音反应时间增加；而当增加单词中字母间的距离时，阅读障碍者的发音反应时间减少。2009年，Martelli等人的研究直接测得阅读障碍者的拥堵效应比正常对照组更高。有意思的是，2007年，Levi等人的研究还发现，弱视者阅读速度的变慢不是由人们所预测的视力较低造成的，而是与拥堵效应过大有关。

由于视知觉在阅读中的重要作用，研究者们提出了通过视知觉训练来改善阅读能力、治疗阅读障碍的思路。2004年，Chung等人先后进行了一系列与阅读有关的视知觉训练。他们的一项字母识别训练结果显示，训练可以提高视觉广度，并且伴有阅读速度的提高，这种提高不仅发生在训练的视网膜位置，还能迁移到非训练位置，并且训练效果可以持续至少三个月时间。因此，他们认为视觉广度可能是个体阅读的瓶颈，但是这个瓶颈可以通过训练改善。不过在他们的另一项研究中，训练虽然改善了视知觉，却对阅读影响很小，在研究中他们训练被试识别挤在一起的字母，训练后被试字母识别成绩提高很多，但是阅读成绩提高很少。2014年，Gori和Facoetti提出，可以通过知觉训练来改善阅读障碍者的视觉功能，尤其是改善由视觉大细胞背侧通路和选择性注意脑区引起的视觉缺陷，从而使学习阅读不再是那么困难的事情。这可能是目前大量关注阅读障碍者形音转换问题之外另一个值得考察的方面。

在神经机制方面，研究证实不论是人还是动物，其大脑视觉皮层会在视知觉学习中发生可塑性改变。动物表现为随着视知觉学习后视知觉能力的提高，视觉皮层相应神经元的调谐曲线变窄，反应增强。2002年Schwartz等人的研究以及2010年Bao等人的研究发现，人在视知觉学习时引起了初级视觉皮层的血氧水平依赖（Blood Oxygen Level Dependent，简称BOLD）信号强度的改变以及初级视觉皮层活动波幅的改变。2004年，Furmanski等人的研究发现，脑区活动改变的情况与视知觉能力的提高相关联。

虽然大量研究已经证实了大脑（尤其是视觉皮层）在视知觉学习中发生的可塑性变化，视知觉加工是阅读中的重要部分，但是目前仅有少量研究证据直接体现出学习阅读对视知觉通路的塑造。2010年，Dehaene等人发表在*Science*的论文中，对三种不同阅读学习者进行对比（10名文盲，22名成年后才学习的阅读者以及31名从小就学习的阅读者），以此分别考察大脑在文化程度和受教育时间两种阅读学习中发生的变化。结果发现，不管是成年后才学习阅读的人还是从小就学习阅读的人，大脑视觉皮层（枕叶）激活程度都比文盲升高。此项研究直接揭示了视觉皮层在学习阅读过程中发生了可塑性变化，同时也说明了大脑视觉皮层的变化与接受教育的时间关系不大，主要与文化程度有关。

综上所述，不论是阅读障碍者视知觉加工的缺陷还是视知觉训练对阅读的改善的实验，都能看出视知觉加工在学习阅读中的重要作用。但是，学习阅读究竟如何塑造视觉皮层，视觉皮层可塑性与阅读能力的关系等重要问题，还需要进一步地研究论证。

二、字形学习

儿童字形学习的成果之一是逐步习得正字法知识，即字形的构造特征和组合规则。入学前，儿童在生活情境中自然习得了大量的语音和语义知识，同时也很早就获得了有关书面文字的粗略认识。例如，2011年，Treiman和Yin的研究发现，两岁的以汉语为母语的儿童（下文简称为“汉语儿童”）能够对汉字和线条画进行区分。学前儿童已经能够从日常书面文字的输入中抽取出汉字结构的统计分布信息，并能够利用这些信息促进随后的字词识别和学习。例如，2015年，Yin和McBride在研究中要求学前儿童学习假字的读音（字形-语音配对学习任务），并设置了假字（符合汉字正字法规则）、非字（部件位置不正确）和随机笔画组合（破坏了汉字结构）三个条件，通过在三个条件下学习成绩的差异来推测儿童对正字法规则的掌握情况。实验显示，4岁儿童已经出现了对汉字结构的意识，5岁时出现了对汉字部件位置的意识。并且，该研究还发现根据儿童在这一任务中的表现能够预测儿童在一年后的阅读和书写能力，显示早期的正字法规则意识对于读写能力的发展有重要的意义。在入学后，儿童开始了高强度的书面文字的学习，将视觉字形与已经习得的语音和语义联系起来，他们的位置意识和部件意识等正字法规则意识也进一步发展。2014年，Tong和McBride的研究采用正字法规则诱发范式，要求学前儿童、二年级和五年级的小学生将成对的部件卡片组合成一个结构合理的假字。结果发现，学前儿童已经能够创造出字形结构合理的假字，并且这种能力随着年龄的增长而提高。此外，该研究还发现，三个年龄组的儿童对于上下结构部件的组合规律的掌握明显优于左右结构部件，研究者们推测这可能与儿童所接触的两类汉字的数量不同有关。

已有大量研究结果表明，随着学习的深入，个体对字形的加工呈现出从基于部件特征加工到整体加工的转变，主要证据来自“词长效应”和“翻转效应”。词长效应，即字母数目多的单词或者笔画数目多的汉字识别反应时间更短，随着学习经验的累积而消失，并且命名整字与合体字的部件均比命名单部件的时间长，即汉字整体对部件的识别具有抑制作用。字词整体加工的另一有力支持证据来自“翻转效应”的相关研究结果。1969年，Yin最早提出人脸的“翻转效应”，他发现个体在加工倒立的人脸时表现出了更低的正确率，并且相比于飞机、房子等物体加工也需要更长的反应时间。之后大量的研究考察了这一现象，其中一种主流观点认为人脸识别依赖于长期的面部加工经验，并通过整体加工的形式实现，倒置的人脸破坏了物体的整体表征从而导致识别困难；而个体对于其他物体如房子、飞机等则更多是基于部件特征的加工，并不会产生很强的翻转效应。在字词识别领域，也有不少研究考察了字母语言以及汉字的翻转效应。2014年，Björnström等人的研究发现，被试对镜像呈现以及倒序拼写的单词均表现出显著的翻转效应，被试的反应时间以及匹配错误率显著增加，如图1.2所示。2010年，Kao等人的研究结果表明，被试匹配真字的表现显著优于倒置的真字，表现出明显的翻转效应。研究者认为，个体是以一种分布加工方式对汉字字形进行编码处理的，汉字字体在整体结构（部件与部件之间的空间关系，如“航”中的“舟”与“亢”的关系）以及部件结构（部件内部笔画的空间关系，如“亢”中的“、”与“一”“几”的关系）两个水平上得到加工，并且整体结构占据主导地位，制约个体对部件的视觉加工。值得一提的是，Björnström与Kao等人的研究均未观测到被试对于假词（字）的翻转效应，这也就进一步印证了视觉字形加工中经验带来的“词频效应”现象。

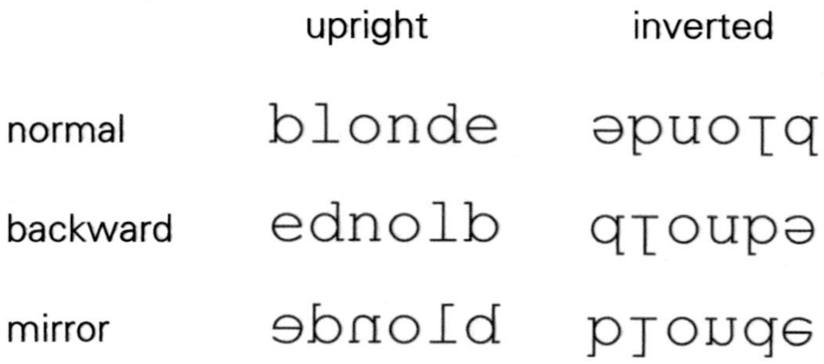

图1.2　以“blonde”为例的镜像单词以及倒序拼写单词

在神经水平上，已有研究将字词的整体加工与梭状回的功能联系起来，并认为这种关联的根基在于梭状回负责抽象的字形表征。这一认识源于纯失读症病人。这类病人既没有言语产生和书写障碍，也能够理解和重复听觉呈现的声音，但是他们无法习得对文字的整体识别，因此在阅读时经常采用逐字母的阅读方式。许多纯失读症病人都与左侧枕叶和颞叶部位受损有关。在以往研究证据的基础上，2000年，Cohen等人在*Brain*上发表文章提出左侧梭状回为“视觉字形区”（Visual Word Form Area，简称VWFA），位于枕叶和颞叶联结区的腹侧负责视觉字形的学习。2003年，此小组综合以往研究提出了“视觉专家化”假设。该假设认为，人类文字的发明只有5000年左右的历史，如此短暂的时间无法在人脑中进化出一个模块来负责视觉文字识别。因此，只能从人们后天发展的角度来解释VWFA。“视觉专家化”假设提出，VWFA正是长期阅读形成的文字阅读专门化脑区。2002年，Polk和Farah的研究发现，该区对字的表面特征（位置、大小、颜色、字体等）不敏感，为这一抽象字形说的观点提供了支持。

针对VWFA负责抽象视觉字形加工的观点，也有不少研究者提出了反对意见。Price等人认为，模块化阅读模型所认为的左侧梭状回单纯由视觉字形加工所塑造并不准确，研究者们应该多考虑阅读的联结主义模型，该脑区可能与阅读过程中形、音、义各个成分的加工有关。2006年，Xue等人通过人工训练方法来探讨VWFA在学习阅读中发生的变化。在此研究中，他们创造性地进行了形、音、义分离训练，这样就能更清楚地了解左侧梭状回在学习阅读各成分中发生的变化。结果发现，字形训练后，人工语言加工中VWFA激活强度降低，而语音、语义训练后其激活升高。2019年，Wang的研究结合fMRI和重复启动范式，发现该区域的活动以及其与左侧额下回的功能联结均受到语义信息的调节。2017年，Zhao等人进一步采用神经表征相似性的方法，揭示出左侧梭状回至少同时表征了语音和字形两种信息。这些证据提示，左侧梭状回之所以表现出抽象视觉字形加工的特点，可能是由于该区存储着相互联结的字形、语音和语义表征。

已有许多研究支持了学习阅读对左侧梭状回的塑造。例如，2002年，Schlaggar的功能磁共振研究发现，VWFA的激活强度随年龄增长而降低，这说明没有发育完全的个体可能需要这个脑区提供更多的认知资源来完成阅读任务。2006年，Maurer的事件相关电位（Event-related Potential，简称ERP）的研究也报告了N170（被认为反映了VWFA的神经元活动）随着儿童学习阅读而改变，并在儿童入学两年后达到峰值。2006年，Brem等人的研究发现，从青少年到成年，随着阅读经验的增多，VWFA的激活强度和N170的峰值在进一步下降。

2013年，Li等人对汉语儿童的研究发现，6岁组高识字量的学前儿童已经出现文字特异性的N170效应。2014年，Zhao等人的研究发现，即使是刚入学的7岁以德语为母语的儿童（下文简称为“德语儿童”），也表现出文字的N1效应。而且，这两项研究都发现左侧电极的文字N1效应与儿童的阅读能力呈正相关关系。Zhao等人于2015年和2018年对几乎没有文字经验的幼儿开展了为期1个月，共计100分钟的视觉学习与书写学习训练研究。结果表明，不同类型的读写经验对文字N1效应的影响不同。视觉组儿童右侧电极的文字N1波幅显著提高，左侧电极的文字和面孔N1波幅差值减少。而书写组儿童右侧电极的文字和面孔N1在训练前的波幅差异消失。这些结果说明，在早期文字学习阶段，文字经验可以在短时间内调控文字N1效应的出现。2020年，Siok等人以6—74岁的人为被试进行的研究发现，在汉字押韵判断任务中，左侧梭状回的激活程度随年龄增长呈下降趋势，不过该区与左侧额下回和左侧顶上小叶之间的联结则随年龄增长呈现增强的趋势。在前文提到的Dehaene等人2010年发表在*Science*的论文中也揭示了学习阅读对左侧梭状回的塑造。此项研究结果发现，阅读成绩越好，左侧梭状回的激活程度越高；并且这个脑区的激活程度与文化程度有关，文盲这个脑区的激活程度非常低，而不管是儿童还是成年才接受学习教育的被试中，这个脑区的激活程度都显著升高。

众所周知，不同语言在视觉字形上具有差异。例如，表义的图形文字（汉字）是由部件组成的紧密的方块字，而表音的拼音文字、英语单词是由字母组成的线性组合。那么，不同文字的阅读经验对梭状回的作用是否一样呢？研究者们发现，左侧梭状回在各种语言，不论是表音文字还是表义文字的阅读中都被激活。有意思的是，虽然阅读不同文字在左侧梭状回激活方面具有很强的一致性，但是研究者们发现，汉字阅读在梭状回中表现出双侧化甚至是右侧化的激活模式，这与以往研究发现的表音文字阅读左侧化的激活模式有明显的不同。研究者们提出，可能是因为汉字特殊的视觉特征，使阅读者加工汉字时比加工表音文字需要更多的空间视觉分析。这个说法主要基于一直以来的空间视觉分析主要依赖于大脑右半球的观点。

书面文字的学习经验在塑造左侧梭状回的视觉字形加工方式的同时，也对该区及其他视觉皮层在一般视觉加工中的作用产生了影响。2015年，Dehaene等人认为，阅读学习首先促进早期视觉加工，继而重组腹侧枕颞通路，使得左侧枕颞区对书面语的加工活动增强、优化，而对面孔的加工转移到右脑，提高了大脑功能的专门化。此外，阅读学习还可以调节语音编码，加强语音与字形表征之间结构和功能的连接。在视觉系统方面，2010年，Dehaene等人的fMRI研究对比了文盲与阅读经验不同的识字者对字母、面孔和图片等各种视觉刺激的反应，发现经验丰富的阅读者，其视觉系统的专门化程度较高。阅读经验促进了视觉加工的精细化和自动化，使得阅读者与文盲个体相比，在非文字阅读的图片分析、刺激整合加工方面都具有一定优势。

第五节　形音联结学习

在阅读过程中，视觉字形加工之后开始了从字形通达语音的过程，而这一过程的表征基础是通过学习建立起来的形音联结。根据经典的阅读加工双通路模型，形音联结包括亚词汇水平的字母（字母组合）和音位之间的联结以及词汇水平的字形和语音的联结两种类型，在阅读中分别对应于语音提取和语音拼读两条通路。在语音提取通路中，词汇进入语义系统，与阅读者已有的知识发生联系并被理解，接着词汇进入语音输出系统，语音被提取，阅读者进行言语产出。在语音拼读通路中，阅读者利用形音对应规则来拼读词汇的语音，然后进行言语产出。

在形音对应的规则程度方面，各种语言之间存在很大的差别。例如，1999年，Zhou和Marlen-Wilson的研究发现，意大利语、芬兰语、德语的形音对应规则程度较高，某个字母或者字母组合的发音较为固定；英语的规则性居中，含有一定比例的半规则和例外的情况；汉语的规则性较低，形声字声旁表音的半规则和不规则情况占到全部形声字的三分之二左右。尽管不同语言在形音对应规则上存在较大的差异性，但仍然拥有相同的学习机制，即统计学习。例如，2009年，Yang等人采用和英文阅读完全相同的联结主义模型，设计了汉字的字形与语音的分布式表征方案，结果成功模拟出汉字阅读的规则性、一致性效应及其与频率的交互作用。不过，必须承认的是，一门语言的形音对应规则程度也影响着学习书面文字的难易程度。研究者发现，母语的形音对应规则性越高，儿童就越早掌握形音对应规则，进而促进其阅读能力的早期发展。例如，研究发现，英语儿童的识字正确率显著低于德语、芬兰语、西班牙语儿童。1990年，While等人的研究表明，英语儿童在小学一年级末就能认识3000~5000个单词，而Xing等人2004年的研究发现，汉语儿童在这一年龄能够认识的汉字数量不足800个。

另外，一门语言的形音对应规则性程度影响阅读的两条语音通路的发展轨迹。对于英语等较为规则的语言，儿童在阅读中语音拼读通路的发展先于语音提取通路。例如，2015年，Martin的元分析研究揭示在拼音文字的阅读中，儿童更依赖左后侧颞上回，提示他们在阅读中更多依赖语音拼读通路；而在年龄较大的儿童和成人中，虽然左颞-顶叶区的语音拼读通路仍继续参与，但与语音提取有关的腹侧枕颞区起到了更多作用。这一变化可能与儿童字形表征的发展和成熟密切相关。2019年，Nordt的研究对左半球的腹侧颞叶皮层对语言字符和视觉物体的分布式表征进行了跨年龄段（5—9岁、10—12岁、22—28岁）的比较，结果发现，随着年龄的增长，该皮层对单词和字符的表征越来越精确。对于汉语，2018年Liu等人从脑网络的角度，揭示出成人在枕叶区域具有较强的功能连接和节点度，而儿童在颞叶区具有较强的功能连接，表明成人的阅读更多地依赖视觉正字法加工，而儿童更多地依赖听觉语音加工。此外，该研究还发现成人在全脑功能连接和节点度之间存在任务间差异，而儿童没有这种差异，表明成人阅读网络的拓扑组织更为专门化。

一些人工语言研究以成人为被试，比较了学习两种形音联结的神经激活情况。由于人工语言训练的范式对实验材料的视觉复杂性、熟悉性及其他额外因素的控制更加严格，因此这些研究为人们认识形音联结学习的神经机制提供了更加清楚的证据。2013年，Taylor等人比较了学习阅读和学习物体命名的神经激活情况。结果显示：学习命名比学习阅读过程中双侧梭状回前部激活程度更强，进一步分析发现左侧梭状回中部的激活程度与物体命名学习相关；而学习阅读比学习命名过程中双侧顶叶区域激活程度更强。该研究者之前的元分析研究已经发现顶叶皮层负责语音拼读过程，而此训练研究揭示了顶叶皮层功能在形音转换学习中的建立过程，同时发现了物体整体学习以及与其发音连接的学习能塑造梭状回前中部的功能。2014年，在另一项长期训练的研究中，Mei等人巧妙地利用韩字的特性创造出两种不同的形音连接条件。韩字从正字法上来说具有明确的形音对应规则，而从视觉特征上来说，又具有图形文字的构造，因此，两组条件在视觉特性和语音上完全一样，都不涉及语义，这就避免了其他额外因素的干扰。研究者们要求其中一组按照语音拼读的方式进行学习，另一组按照语音提取的方式进行学习。结果发现，语音拼读式学习的一组背侧通路得到了更强的激活，如左侧缘上回、中央前回等；而语音提取式学习的一组腹侧通路得到了更强的激活，如右侧颞中回、额下回眶部等。

阅读是后天习得的一种形、音、义的连接。虽然传统的模块化理论能帮助人们认识到阅读中各种成分的认知过程，但是目前研究者们普遍接受大脑各个脑区协同合作来进行认知加工以及各种认知成分可能不是完全分离的观点。将来需要利用最新发展出来的研究手段，从新的角度来探讨正字法学习对大脑的塑造。

第二章　语言学习的认知理论

第一节　阅读的双通路模型

研究者们对于语言加工过程的探讨已有较长的历史。20世纪七八十年代，认知心理学家们就语言学习所包含的各种认知成分和认知过程提出了很多模型，包括模块化的认知加工模型和联结主义模型。在这些模型中，一个普遍被认可的模型是语言加工的双通路模型。双通路模型的最初雏形是由Marshall和Newcombe于1973年提出的。他们根据不同类型的阅读障碍个体的认知表现，提出阅读在视觉加工完成之后，可以通过两条通路来完成：第一条通路不需要通达语义，而是直接从视觉词汇获取语音，这一过程也称为形音转换过程，这条通路可以完成对生疏词汇的阅读；第二条通路则先通达语义，然后再通达语音。

虽然传统的双通路模型能够解释很多实验现象，但是它却受到了越来越多研究者的质疑。其中一个非常强烈的质疑来自Glushko 1979年提出的类比的观点。类比的观点认为，假词可以通过与正字法相似的真词的类比获得其语音，即假词阅读也可以通过词汇通路获取发音。对传统双通路模型的第二个质疑来自Seidenberg和McClelland 1989年提出的并行分布式加工（Parallel Distributed Processing，简称PDP）模型。PDP模型认为，词汇的形、音、义信息以节点的方式存储。词汇通达中，相关的节点以不同强度被激活。这些节点不仅表征了该词汇的特征，同时也表征了相似词汇的特征。PDP模型认为，语音通达的通路只有一条，即通过计算节点之间的联结强度而获取语音。

在遭受这些质疑后，2001年，Coltheart等人结合并行分布式加工模型进一步修正和完善了双通路模型，并提出了双通路瀑布式（Dual Route Cascaded，简称DRC）模型。该模型认为，阅读过程中语音通达的通路有三条：第一条通路是由字形输入系统经过语义系统和语音输出系统到达音位系统；第二条通路是由字形输入系统经过语音输出系统到达音位系统；第三条通路则是通过形音对应规则直接将字形转换为语音。前两条通路实质上都是词汇通路，而最后一条通路为亚词汇通路。第一条通路和第二条通路的区别在于是否经由语义获取语音。DRC模型认为，在语音通达过程中，词汇通路和亚词汇通路会同时被部分激活。根据此观点，假词也可以像真词一样，通过词汇通路提取语音。因此，相比于传统的双通路模型，DRC模型的使用范围更广，能够解释的现象更多。

第二节　双通路模型的行为证据

一、来自阅读障碍的证据

阅读双通路模型的最初证据主要来源于阅读障碍。阅读障碍主要分为两种亚类型：表层阅读障碍和深层阅读障碍。这两种亚类型的阅读障碍患者在阅读的表现上截然不同。1973年，Marshall和Newcombe的研究发现，表层阅读障碍的个体能够阅读假词和发音符合正字法规则的真词，但是在阅读发音不规则的真词上表现出困难。这说明表层阅读障碍的个体语音拼读通路完好，而整字阅读即语音提取通路受到了选择性的损伤。与此相反，1975年，Shallice和Warrington的研究发现，深层阅读障碍的个体能够很好地阅读熟悉的真词，但是在假词阅读上表现出困难。这说明深层阅读障碍的个体语音提取通路完好，而语音拼读通路受到了选择性的损伤。

表层阅读障碍和深层阅读障碍在阅读损伤表现上的双分离现象说明，阅读至少存在两条通路可以通达语音，从而为双通路模型提供了坚实的支持。然而，由于损伤可能带来的一些认知功能的变化，双通路模型是否适用于正常个体还不能确定。因此，双通路模型必须要在正常群体中寻求证据。

二、来自正常群体的证据

对于正常个体而言，阅读是一个非常迅速和自动化的加工过程。因此，在正常个体中，分离两条加工通路是一件非常困难的任务。尽管如此，关于正常人的阅读研究还是为双通路模型提供了一些间接证据，如词汇阅读中的词频效应、规则性效应以及词频与规则性效应的交互作用。

在阅读研究中，一个非常经典的效应就是词频效应。1989年Andrews的研究以及1973年Forster和Chambers的研究发现，高频词的命名速度快于低频词。根据双通路模型，语义通达的速度很大程度上取决于单词出现的频率。单词出现频率越高，语义通达的速度也越快，因而个体命名高频词时速度更快。

规则性效应也是支持双通路模型的一个间接证据。规则性效应是指发音规则的单词的命名速度快于发音不规则的单词。双通路模型认为，由于发音不规则的单词不符合形音对应规则，所以其在语音通达过程中正确读音会与错误读音之间产生冲突。因此，与发音规则的单词相比，发音不规则的单词需要花费额外的时间去抑制这种冲突，所以在命名时需要更长的反应时间。然而，规则性效应的产生有一个前提条件，即语音提取通路的速度慢于语音拼读通路的速度。如前所述，语义通达的速度很大程度上依赖于单词出现的频率，频率越高语义通达的速度越快。当语音提取通路的速度超过语音拼读通路的速度时，规则性效应就会消失。与此一致，1991年Paap和Noel的研究、1984年Seidenberg等人的研究以及1987年Taraban和McClelland的研究均发现了规则性效应与词频的交互作用，即规则性效应只出现在低频词上，高频词并没有规则性效应。

在正常群体中，研究者通常采用不同的阅读材料对语音提取和语音拼读进行比较。例如，正字法透明的语言（如德语）与正字法较模糊的语言（如汉语）、浅正字法的拼音文字（如意大利语）与深正字法的拼音文字（如英语）、发音规则的单词与发音不规则的单词以及低频词与高频词之间的对比。通常人们认为正字法通透性的语言、浅正字法的拼音文字以及发音规则的单词，主要采取语音拼读的方式进行学习，而对于正字法非通透性的语言和发音不规则的单词，只能采取语音提取的方式进行学习，对于深正字法的拼音文字也会采取语音提取的方式学习。以往以自然语言为材料的研究，从认知加工的角度证实了阅读双通路的存在。例如，2003年Jong和Leij的研究以及2000年Wimmer等人的研究发现，与正字法不透明的语言相比，快速命名的速度对正字法透明的语言学习的预测作用更强，其中正字法透明度是指从形素到音素的一致性。2008年Cho等人的研究发现，在拼音文字内部，快速命名的速度与发音规则词和发音不规则词的加工都有关系，而语音意识特异性与发音规则词的再认成绩有关，语素意识特异性与发音不规则词的再认成绩有关。除词频效应和规则性效应之外，双通路模型还成功解释和模拟了正常被试阅读中的词汇效应、家族效应等。这些结果间接地支持了双通路模型，说明双通路模型不仅适用于阅读障碍个体，正常被试阅读时也可以由两条通路来完成。

接下来，重点介绍薛红莉等人于2017年采用人工语言训练的范式证实阅读的双通路模型的研究。该研究选取144个人工语言字符为实验材料。这144个人工语言字符中CV和CVC结构的字符各72个。144个字形由24个韩语字母组成，其中有12个元音，12个辅音。该研究从国际音标（International Phonetic Alphabet，简称IPA）中选取了12个元音和12个辅音，分别作为24个韩语字母的发音。根据3名中国大学生的评价结果，这些音标在5点量表上的平均得分均大于3（平均数为4.43 ± 0.78）。144个字符分为两部分，每部分72个，分别接受整字阅读和拼读两种方式的训练，每部分材料接受的训练方式在被试间保持平衡。将每部分的72个人工语言字符，进一步分为6组，每组12个，其中一组用作训练材料，其他5组分别在测试阶段作为迁移材料呈现，每组作为训练材料的次数在被试间保持平衡。所有材料的分组在笔画数、部件数及结构上进行了严格匹配。

将所有人工语言字符做成灰底黑字的图片呈现，其声音由一个发音清晰、标准的女性汉语母语者录制。然后使用相关软件进行去噪处理、剪切和音量的标准化。所有人工语言字符的声音均持续800 ms。

46名中国大学生被试（22名男性，年龄为18—25岁）参与了该实验。所有被试的视力或矫正视力正常，没有任何相关的神经疾病史，没有任何韩语或朝鲜语的学习经验。爱丁堡利手测验显示，所有被试均为右利手。

研究采用多个行为量表进行测试，用于测查被试的语言能力和记忆力。英语阅读成绩采用Woodcock阅读量表（Woodcock Reading

Mastery Tests-Revised，简称WRMT-R）“Form G”中的视听学习和单词阅读流畅性量表（TOWRE）。

1.Woodcock阅读量表的试听学习

该测试由28个视觉符号和26个常用单词与2个后缀（-ing和-s）组成。视觉符号与单词一一对应，从而组成7个故事。在测试中，被试先了解每个视觉符号所代表的单词，然后依据这些对应关系念出每个故事。该测试主要用于测查被试的视觉符号与语音的联系学习能力。被试每读对一个视觉符号计1分，满分134分。该测验的分半信度为0.85。

2.单词阅读流畅性量表

单词阅读流畅性量表为速度测验，包含两个子测验：真词流畅性（Sight Word Efficiency）测验和假词流畅性（Phonemic Decoding Efficiency）测验。

真词流畅性测验：该测验由104个由易到难的英语单词组成，用于测试阅读的流畅性。被试需要既快又准地依次读出每个单词的读音。被试的得分为45 s之内正确读出的单词个数。如果被试在45 s之内全部读完，则另外记录被试完成的时间。该测验的再测信度为0.87。

假词流畅性测验：该测验由63个由易到难的英语假词组成，用于测试语音解码的流畅性。测试要求和计分方式与真词流畅性测验相同。该测验的再测信度为0.94。

所有被试接受人工语言中字形与语音的配对训练。所有被试均接受两种条件的训练：整字阅读训练（代表语音提取，Addressed-phonology）和拼读训练（代表语音拼读，Assembled-phonology），如图2.1所示。被试的任务是学习12个人工单词字形和语音之间的对应关系。整个训练程序进行两次，具体为：第1天和第3天采用相同的实验程序，进行四次人工语言训练，其中两次为整字阅读训练，另外两次为拼读训练。两种训练条件的先后顺序在被试间保持平衡。每次训练都包括学习任务和单词选择任务，后一种任务不仅可以用于测试学习成绩，而且对学习效果具有促进作用。

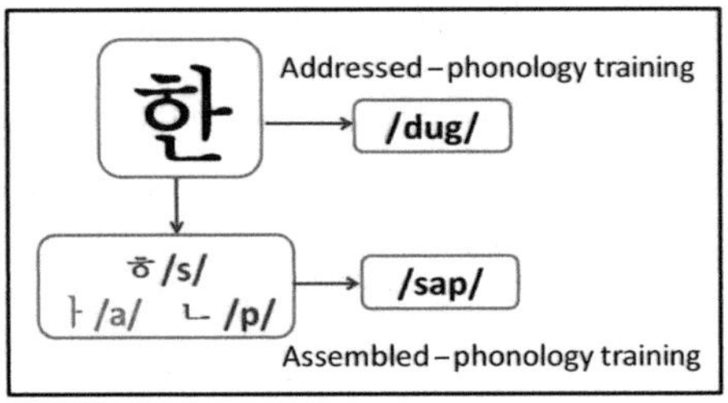

图 2.1　实验材料样例

需要强调的是，被试在不同训练条件下需要采用相应的学习方式来学习字形和语音之间的对应关系。在整字阅读训练方法下，被试需要将每个单词作为一个整字进行记忆；将整个单词与声音进行配对，被试需要记住整个单词与读音的联系来学习 12 个人工单词的语音。并且，该研究将单词与声音的原始配对随机打乱，以确保被试不能利用形音对应规则进行学习。因而，被试在阅读这些单词时，只能依赖于语音提取通路。与整字阅读训练方法不同的是，在拼读训练方法下，被试通过对单词进行拆分获得每个字母的发音来建立单词和语音之间的联系，单词与读音的配对采用原始配对。在学习中，要求被试根据从左到右、从上到下的规则拆分整个单词，获得每个字母及其对应的发音，然后利用字母的读音根据形音对应规则拼读整字的读音。虽然被试没有直接学习每个字母的发音，但是在实验任务进行之前，通过明确的指导语讲解，被试能够采用拆分整字获得字母发音的方式来拼读整字的读音。

前四次的训练程序都包括学习任务和单词选择测试，后一种任务不仅可以用于测试学习的成绩，而且对学习效果具有促进作用。在学习任务阶段，每个单词的字形呈现在电脑屏幕中央，同时耳机中播放该单词的发音。每个单词的字形呈现 3500 ms，间隔 1000 ms 的空屏后呈现下一个单词。被试的任务是认真地看屏幕中的单词，同时仔细地听耳机中的发音。为了确保被试处于清醒和专注状态，要求被试大声地重复刚刚听到的发音，并通过麦克风记录他们的发音。

在单词选择测试阶段，四个单词的字形从左到右同时呈现在电脑屏幕中，同时耳机中呈现一个单词的发音。被试需要指出语音所对应的单词，并按键（D、F、J、K依次对应屏幕中的四个字形）做出反应。每个刺激呈现3500 ms，间隔1000 ms的空屏后呈现下一个刺激，如图2.2所示。被试需要尽可能快速、准确地做出反应，在刺激消失之后做出的反应将记为错误，并且在数据分析的时候剔除。

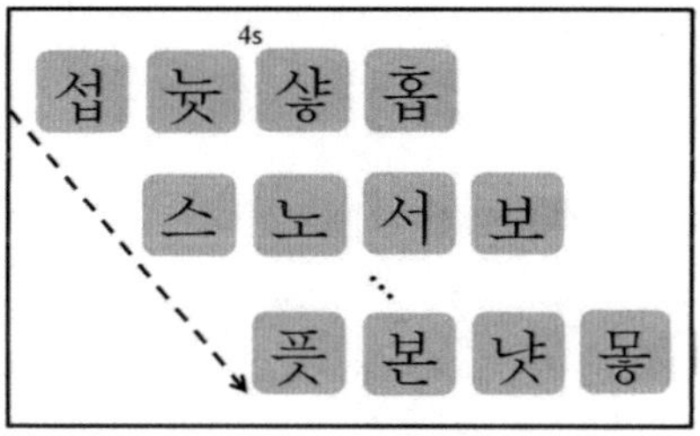

图2.2　选择任务

该测试任务中还加入了未训练过的单词。对于拼读训练方法，加入未训练过的单词不仅能够促进被试对形音对应规则的学习，而且未训练过的单词能够真正反映语音拼读情况。此外，为了匹配两种训练方法，在整字阅读训练方法下同样加入了未训练过的单词。但是，在这种条件下，对于未训练过的单词，原则上被试无法学习它们的发音，因此可以做出随机反应。为了避免练习效应，每次训练加入的单词是不同的。

在该项测试任务中，训练过的材料和未训练过的材料之间以伪随机的顺序呈现，并使用相应软件对呈现序列进行优化。

为了考察形音连接的双通路机制，该研究比较了两组中整字阅读训练方法下训练过的单词（Trained Words in the Addressed Group，简称

TW_AD）和拼读训练方法下未训练过的单词（Untrained Words in the Assembled Group，简称UW_AS）的学习成绩的差异。因为整字阅读训练方法下训练过的单词只能通过整字的方式对语音进行记忆，所以代表了语音提取；而拼读训练方法下未训练过的单词只能通过形音对应规则获得语音，所以代表了语音拼读。根据策略转化假说，随着练习次数的增加，形音连接可以经亚词汇水平（拼读）转化为词汇水平（提取），因此无法判定拼读训练方法下训练过的单词（Trained Words in the Assembled Group，简称TW_AS）在多大程度上代表语音拼读。

在人工语言学习方面，对两种测试的数据统计结果显示，该研究的人工语言训练非常有效，并且对拼读训练方法下的材料习得了形音对应规则。例如，在第3天的最后一轮测试（run 4）中发现，在单词选择测试任务中，两种训练方法下训练过的单词的正确率都高于80%，拼读训练方法下未经过训练的单词的正确率高于70%。

为了证实本研究中形音连接学习在认知机制上的分离，接下来做了两个分析。首先，计算了两种训练方法下单词测试成绩的相关系数，即比较了TW_AD、TW_AS与UW_AS在四次训练时正确率的相关系数。如果语音提取和语音拼读在认知机制上存在差异，那么它们的训练成绩不会呈现高相关性。如表2.1所示，和研究期望一致，两种训练方法下的成绩呈现由低到中等程度的相关性。

表2.1　两种训练方法下学习成绩之间的相关系数

	run 1	run 2	run 3	run 4
TW_AD & TW_AS	0.20	0.17	0.50**	0.53**
TW_AD & UW_AS	0.23	0.30*	0.52**	0.35*
TW_AS & UW_AS	0.61**	0.61**	0.64**	0.52**

注：*表示$p < 0.05$；**表示$p < 0.01$。

其次，计算了一般语言能力的三种测试分数与两种训练方法下的学习成绩（第四次测试时的正确率）的相关系数。如表2.2所示，视听学习和英语单词流畅性的成绩与两种训练方法下学习成绩的相关性均显著（$r > 0.42$，$p < 0.05$），体现了一般的词汇学习能力在两种训练方法下对第二语言形音连接学习中的重要性。相比之下，英语假词流畅性的成绩与UW_AS的学习成绩呈现显著相关性（$r = 0.60$，$p < 0.01$），而与TW_AD的学习成绩的相关性不显著（$r = 0.17$，$p = 0.44$）。通过直接比较两个相关系数发现，两者之间的差异达到显著水平（$z = 1.98$，$p = 0.02$，one-tailed），说明英语假词流畅性特异性地与语音拼读密切相关，而与语音提取相关性则不显著。

表2.2　阅读能力与两种训练方法下学习成绩的相关系数

	TW_AD	UW_AS
视听学习	0.42*	0.47*
英语单词流畅性	0.44*	0.43*
英语假词流畅性	0.17	0.60**

注：*表示$p < 0.05$；**表示$p < 0.01$。

该研究在严格控制的人工语言训练范式下进一步证实了形音连接学习在认知加工上的分离。首先，研究结果发现，两种训练方法下的学习成绩呈现由低到中等程度的相关性。其次，通过计算语音提取和语音拼读学习成绩与一般语言能力的三种测试分数之间的相关系数，发现语音提取和语音拼读在认知加工上存在差异。具体来讲，视听学习和英语单词流畅性与语音提取和语音拼读均呈现正相关，说明这两种测试反映了一般的词汇学习能力，因此在形音连接学习中起着重要的作用；而英语假词流畅性与语音拼读呈现正相关，但与语音提取的相关性不显著，并且两个相关系数之间的差异达到显著水平，说明英语假词流畅性反映了词汇的编码能力，尤其是拼音文字条件下亚词汇的形音对应规则，因此其特异性地与语音拼读有关。

第三章　神经系统的结构和功能

第一节　神经系统的结构

大脑是使肌肉运动的器官。这可能听起来有些简单，可是从根本上说，支配运动（更精确地说是行为）是神经系统最主要的功能。为了做出有用的动作，大脑必须知道周围环境中正在发生的事情。因此，身体里必须包含已经分化成能够监测环境中事件的细胞。当然，像人类这样复杂的生物并不只是机械地对环境中的刺激做出反应。人类的大脑非常灵活，能指挥人们根据现在的情况和以往的经验做出不同的反应。除了感觉和动作，人们还能记忆和做决策。所有的这些功能都是通过神经系统里上亿个细胞来控制或完成的。

神经系统主要分为两个部分：中枢神经系统和外周神经系统，如图 3.1 所示。中枢神经系统由脑和脊髓内的全部神经元组成；外周神经系统由联系中枢神经系统和身体的全部神经元及其神经纤维组成。中枢神经系统是人体神经系统最主体的部分，包括脑和脊髓，其主要功能是传递、储存和加工信息，产生各种心理活动，支配与控制人的全部行为。外周神经系统从中枢神经系统发出，导向人体各部分可分为躯体神经系统和自主神经系统。外周神经系统担负着与身体各部分的联络工作，起传入和传出信息的作用。

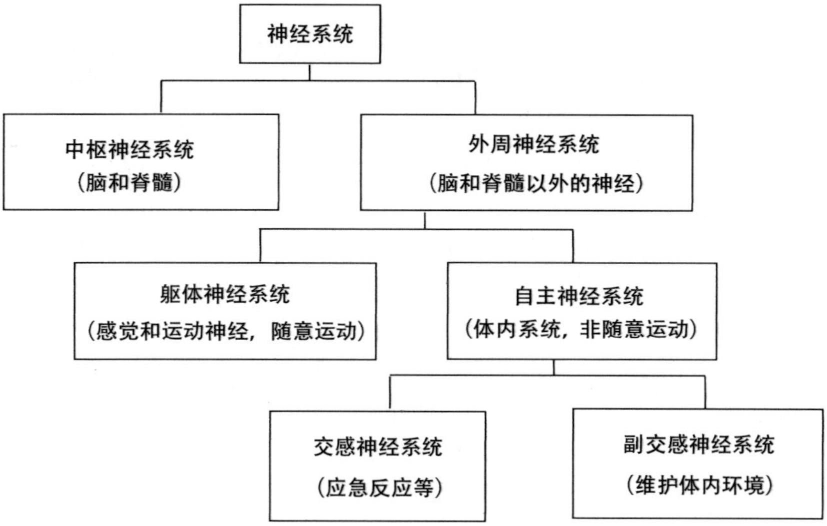

图 3.1　人类神经系统的层次结构

一、神经元的结构与机能

神经元，即神经细胞，是神经系统中参与信息处理与信息传递的物质，也是神经系统结构和功能的基本单位。神经系统主要由神经细胞和神经胶质组成。神经元的形状和大小不一，但多数神经元具有一些共同结构，如图 3.2 所示。神经元大致可以分为细胞体和突起两部分。细胞体的中央有细胞核。细胞核是细胞的能量中心。通过化学反应，细胞体为神经活动提供能量，并制造大量用于传递信息的化学物质。细胞体伸出两种突起，其中呈树枝状的称为树突，它接受其他神经元传来的信息并将其传至细胞体；另一根细长的突起称为轴突，它把神经冲动由细胞体传至远处，传给另一个神经元的树突或肌肉与腺体。髓鞘由胶质细胞构成，包裹在轴突上，起着绝缘的作用。一个神经元的轴突有许多分支，其末梢膨大，呈葡萄状，称为突触小体，它是传递信息给另一个神经元的发放端。

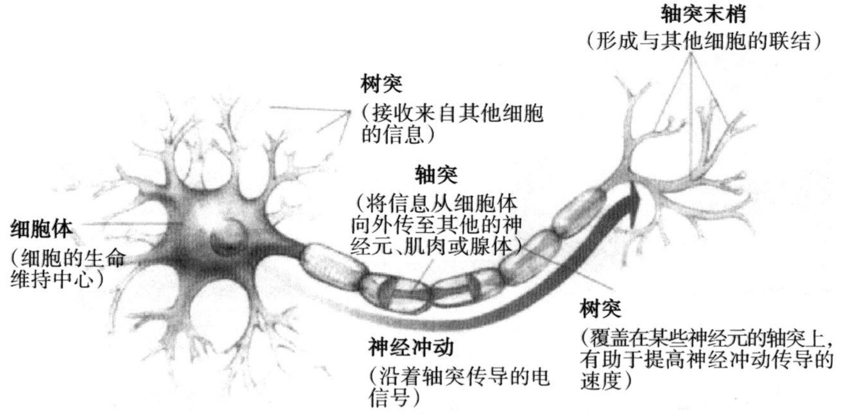

图3.2　神经元示意

神经元只占整个中枢神经系统的一半左右，另一半是一些不同种类的支持细胞。神经元的代谢频率非常高，但是它们自己却不能储存养料。为了维持生命，它们必须依赖其他细胞提供的养料和氧气。因此，支持和保护神经元细胞对人们的生存有着至关重要的作用。

中枢神经系统中最重要的支持细胞是神经胶质。神经胶质像胶水一样把中枢神经系统粘在一起，但是它们的作用绝不仅限于此。神经元过着与世隔绝的生活，神经胶质细胞把它们和身体其他部位隔离开，从而阻挡任何物理或化学的接触。神经胶质细胞包裹着神经元，把它们固定在合适的位置，并且为它们提供生命所需的营养物质和传递信息所需的化学物质。它们把神经元彼此隔开，从而使不同神经元之间的信息不会短路。同时，神经胶质细胞还担当着“清道夫”的角色，清理并消除因疾病或者受伤而死亡的神经元。神经胶质细胞分为几种，每一种都在中枢神经系统中扮演着不同的角色。其中最重要的三种是星形神经胶质细胞、少突神经胶质细胞和小神经胶质细胞。

星形神经胶质细胞的形状和它的名字一样，它为神经元提供物理支持，并清除大脑内的细胞残骸。它产生的一些化学物质是神经元发挥作用所必需的，其通过吸收或分泌一些物质，使得神经元周围化学物质的浓度保持在一定的范围内。此外，星形神经胶质细胞还为神经元提供营养。

少突神经胶质细胞的主要功能是为轴突提供支持，通过产生髓鞘把多数轴突彼此隔离。髓鞘是由少突神经胶质细胞产生的包绕轴突的管道，含有80%的脂质和20%的蛋白质。这个管道并不是连续的，它分为许多个部分，每部分大概1 mm长。没有髓鞘的这部分轴突被称作朗飞氏结，被包裹的轴突就像一串珠子。单个少突神经胶质细胞可以产生多达50段髓鞘。随着中枢神经系统的成熟，少突神经胶质细胞逐渐形成小船船桨一般的形状。每个“船桨”围绕着一段轴突包裹多次，从而形成了很多层髓鞘，每一个“船桨”就成为髓鞘的一段。

小神经胶质细胞，顾名思义，是最小的神经胶质细胞。和许多种类的星形神经胶质细胞相似，它们担当着吞噬细胞的角色，吞噬并分解死亡的神经元。同时，它们还是大脑中免疫系统的代表，保护大脑不受微生物的侵袭。当大脑受到伤害时，它们是炎症反应的主角。

神经元具有两个最主要的特性，即兴奋性和传导性。神经元的兴奋性具有一种很特殊的现象，当刺激强度未达到某一阈限值时，神经冲动不会发生；而当刺激强度达到该值时，神经冲动发生并能瞬时达到最大强度，此后刺激强度即使再继续加强或减弱，已诱发的冲动强度也不再发生变化。神经元的传导功能，在性质上类似电流传导，但作用机制不同。电流靠接触传导，而相邻神经元则靠它们之间的空隙进行传导，这一小空隙叫作突触。突触的作用在于传导不同神经元之间的神经冲动[①]。

神经元的功能表现多种多样，归纳起来可分为三类：（1）感觉神

---

① NEIL R. CARLSON. 生理心理学——走进行为神经科学的世界(第九版)[M].苏彦捷，等译.北京：中国轻工业出版社，2016，29-31.

经元（传入神经元），其树突的末端分布于身体的外周部，接受来自体内外的刺激，将兴奋传至脊髓和脑。例如，环境中的信息通过光波、声波、气味、味道或直接接触的方式被感觉神经元所收集。(2)运动神经元（传出神经元），其轴突延伸至肌肉和腺体。运动神经元的兴奋可引起肌肉或腺体的活动。(3)联络神经元（中间神经元），它介于感觉神经元和运动神经元之间，把它们联系起来，或组成复杂的网络，在神经元之间起到联系的作用，这种神经元全部存在于中枢神经系统[①]。

二、中枢神经系统

（一）中枢神经系统的发育

中枢神经系统的发育开始于胚胎早期，以管状形式出现并一直保持至发育完成。在发育期间，神经管不断地延长、凹陷和折叠，神经管周围的组织逐渐增厚，最终形成脑。神经系统发育开始于妊娠的第18天左右。胚胎背部的外胚层增厚形成神经板。神经板的边缘形成嵴，沿头—尾方向卷曲。在第21天这些嵴彼此接触、融合，形成神经管，此管进一步发育成脑和脊髓。

在发育的第28天，神经管关闭，嘴侧末端已发育为三个相连的腔。这些腔发育成脑室，周围的组织发育成脑的主要结构：前脑、中脑和后脑。在发育过程中，头腔（前脑）分成三个独立的部分，分别发育成两个侧脑室和第三脑室。侧脑室周围的区域形成端脑，第三脑室周围的区域形成间脑。在最终的发育形式中，中脑内的腔逐渐变窄，形成大脑导水管，两个结构发育成大脑的后部：后脑和末脑。

① 姚本先.心理学[M].北京：高等教育出版社，2009，15-17.

自妊娠最后3个月至出生后1.5—2岁是脑发育的最快时期，也是最为关键的时期。小孩出生时脑质量为350～400克，占体重的1/9～1/8，约为成人脑质量的25%；1岁时脑质量达到成人脑重的50%；2岁时为成人脑质量的75%。大脑的神经细胞主要在妊娠期第18周分裂增生。在出生时神经细胞已与成人相同，但轴突与树突未完全发展，因此尚未形成大脑各区间复杂的交织。

对脑细胞起支持作用的神经胶质细胞的分裂在出生后3个月才达高峰，新的神经胶质细胞直到出生后2岁才形成。新生儿大脑皮质、锥体束发育尚未成熟，而皮质下系统如丘脑、苍白球功能发育较好。3—6岁时，脑的发育仍较迅速，神经纤维分支加多加长，这有利于神经元联系的形成。6岁左右，脑质量增至1200克，大脑半球的神经传导通路几乎都已髓鞘化，身体在接受刺激后，可以快速、准确地由感官沿着神经通路传到大脑皮质高级中枢。大脑皮质各区间增加了联系的可能性，分化作用也大大加强，条件反射的形成稳定而巩固。7—8岁的儿童大脑半球继续发育，脑质量增加到1300克，接近成人的脑重，同时神经元体积增大，细胞分化基本完成，神经细胞的突起分支变得更密，出现了许多新的神经通路。大脑额叶迅速生长，儿童运动的正确性及协调性得到了发展。由于大脑的发育，抑制能力及分析综合能力加强，儿童的行为变得更有意识。但这 时期，儿童对第二信号系统的语言和文字反应尚未完善，直观形象模仿能力强，而抽象概念思维能力较差。9—16岁时，脑质量增加不多，这一时期主要进行脑细胞内部结构和功能的复杂变化。神经的联络纤维在数量上大大增加，联络神经元的结构和皮质细胞的结构与功能强烈地发展和形成，这是形成联想、推理、抽象和概况思维的物质基础，是大脑功能进一步成熟的标志。

（二）前脑

前脑是围绕着神经管嘴侧末端的脑结构。它包括两个主要部分：端脑和间脑。

端脑主要包括两个对称的大脑半球。被大脑皮层覆盖的大脑半球包含边缘系统和基底神经节。后者是大脑的主要皮层下脑区，位于脑的深部、大脑皮层的下面。大脑皮层像树皮一样包绕着大脑半球。人类的大脑皮层是高度卷曲的。这些卷曲包括脑沟（小的凹陷）、脑裂（大的凹陷）和脑回（相邻组织间的凸起）。与同样面积的平滑大脑相比，这些卷曲极大地扩大了皮层的表面积。事实上，皮层表面的2/3被隐藏在凹陷内，因此脑裂和脑回的存在使得大脑皮层的面积扩大了3倍。

大脑皮层主要由神经胶质细胞和神经元的细胞体、树突和相互连接的轴突组成。由于成分以细胞为主，所以大脑皮层具有灰色的外表，被称为灰质。大脑皮层的下面是上百万个轴突，这些轴突与位于脑内其他部位的神经元相联系且周围的高浓度磷脂使得其外表发白，因此被称为白质。

对大脑皮层不同脑区的命名将有助于记忆。事实上，大脑皮层被分为4个区域，按照其各自所在区域的颅骨分别命名为额叶、顶叶、颞叶和枕叶。额叶是位于中央沟前的脑区。顶叶位于大脑半球侧面，在中央沟后，额叶尾端。颞叶位于大脑底部之前，额叶和顶叶腹侧。枕叶位于大脑皮层最后，是顶叶和颞叶的尾端。

1937年，神经科学家Papez提出，一些相互连接的脑结构组成了一个环路，主要功能是调节动机和情绪。该系统包括边缘皮层的几个脑区和一系列前脑周围的相连结构。1949年，生理学家MacLean进一步扩展了该系统，并将其命名为边缘系统，如图3.3所示。除边缘皮层外，边缘系统中最重要的结构是海马和杏仁核。

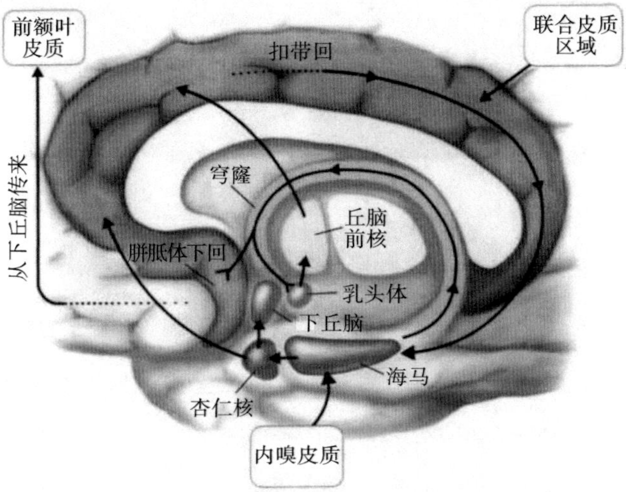

图 3.3　右半球内侧面边缘系统

基底神经节是前脑内的皮层下核团，位于侧脑室前部的下方。核团是指相似神经元的简单聚集体。基底神经节主要包括尾状核、壳核和苍白球。基底神经节参与运动的控制。例如，帕金森病的病因是某种投射至尾状核和苍白球的中脑内神经元功能的退化。该疾病的症状是虚弱、震颤、肢体僵硬、平衡失调和运动困难。

间脑位于中脑和端脑之间，围绕着第三脑室，由丘脑和下丘脑组成。

丘脑构成间脑的背部。它的位置接近大脑半球的中央，基底神经节的内侧和尾部。大脑皮层所接收的大部分神经输入来自丘脑。实际上，大部分的皮层表面可以被分成不同的区域，分别接收来自丘脑不同部位的纤维投射。丘脑被分成几个核团，有些核团接收来自感觉系统的感觉信息，这些核团的神经元将感觉信息传递给大脑皮层的特异性感觉投射区。例如，外侧膝状体核接收来自眼睛的视觉信息，纤维投射至初级视觉皮层；内侧膝状体核接收来自内耳的听觉信息，纤维投射至初级听觉皮层。其他核团也发出投射至大脑皮层的特异性区域，但并不传递感觉信息。例如，腹外侧核接收来自小脑的信息，纤维投射至初级运动皮层。

下丘脑位于脑的基底部，丘脑的下方。尽管下丘脑是一个相对很小的结构，却是很重要的结构。它控制自主神经系统、内分泌系统以及组织与种系存活相关的行为，如斗争、摄食、逃跑和性行为。下丘脑位于第三脑室腹侧部的两侧。下丘脑是一个复杂的结构，包含很多核团和纤维。

内分泌系统受下丘脑分泌的激素控制。下丘脑内的一种特异性血管系统直接与垂体前叶相连。下丘脑的激素是由一种特异性的神经元所分泌，位于垂体柄的基部附近。这些激素刺激垂体前叶分泌激素。例如，促性腺激素释放激素作用于垂体前叶，使之分泌促性腺激素，后者在生殖生理和行为中发挥作用。

垂体前叶分泌的大部分激素控制内分泌腺。由于它具有这种功能，所以垂体前叶被称为机体的“控制腺”。例如，促性腺激素刺激性腺（卵巢和睾丸）释放雌激素和雄激素。这些激素影响机体的所有细胞，包括脑内的某些细胞。另外两种垂体前叶激素，即催乳素和生长激素并不控制机体的内分泌腺，而是作为最后的激素形式发挥作用。

垂体后叶可以说是下丘脑的延伸部分。下丘脑产生垂体后叶激素，直接控制它们的分泌。这些激素包括催产素，刺激乳汁的分泌和分娩时子宫的收缩，以及抗利尿激素，调节肾脏的尿量。这两种激素是由下丘脑内的两种不同神经元分泌的，神经元的轴突通过垂体柄，终止于垂体后叶。这些激素被储存在轴浆的小泡内，运输至垂体后叶的终扣内。当这些神经元的轴突被激活时，储存在终扣内的激素被释放进入循环系统内。

（三）中脑

中脑围绕着大脑导水管，包括顶盖和被盖两个主要结构。

顶盖位于中脑的背部。它主要包含上丘和下丘两个结构，上丘是视觉系统的一部分，下丘是听觉系统的一部分。在哺乳动物中，它们主要参与视觉反射和活动刺激的反应。被盖指的是顶盖下面的中脑部分，它包括网状结构的头末端，几个控制眼球运动的核团，导水管周围灰质、红核、黑质和腹侧被盖区。

网状结构是一个包括很多核团的大结构。网状结构占据脑干的核心位置，从延髓的下边一直延伸到中脑的上边。网状结构接收来自各种通路的感觉信息，并发出纤维投射至大脑皮层、丘脑和脊髓。它在睡眠和觉醒、注意、肌肉紧张度、运动和各种生存反射中发挥一定的作用。

导水管周围灰质指的是围绕大脑导水管周围的神经元胞体，其范围从第三脑室至第四脑室。导水管周围灰质的神经环路控制运动序列，这些运动参与构成斗争和生殖等行为。

红核和黑质是运动系统的重要结构。来自红核的一束轴突纤维能将运动信息从大脑皮层和小脑传递至脊髓。黑质内的神经元轴突投射至尾状核和壳核。

（四）后脑

后脑围绕第四脑室，由后脑和末脑构成。

后脑包括脑桥和小脑。小脑具有两个半球，像微型大脑。其表面被小脑皮层所覆盖，并包含一些小脑深部核团。这些核团接收来自小脑皮层的纤维投射，并发出纤维至其他脑区。小脑的每个半球都通过轴突束与脑桥的背面相连，分别是上、中、下小脑脚。小脑的损伤将影响站立行走或运动协调性。小脑接收视觉、听觉、前庭和躯体感觉的信息，同时接收有关个体骨骼肌运动的信息。小脑的功能是整合这些信息，调节运动输出和运动协调性。脑桥是脑干内一个大的凸出部分，位于中脑和延髓之间，小脑的腹侧。脑桥包含部分网状结构，以及一些参与睡眠和觉醒的核团。它还包含一个大的核团，作用是传递从大脑皮层至小脑的信息。

末脑主要指的是延髓。延髓是脑干的尾部，下沿是脊髓的头末端。延髓包含部分网状结构，以及控制心血管系统、呼吸和骨骼肌强直性调节的核团[①]。

（五）脊髓

脊髓是一根长的、前后稍扁的圆柱体结构，下端呈圆锥状。脊髓的基本功能是分配运动纤维至机体的效应器官（肌肉和腺体），以及集合躯体感觉信息上传至大脑。脊髓也具有一定程度的自主功能，各种反射控制环路就位于脊髓。

脊髓的大体解剖结构较为简单，包括传送感觉、运动信息的白质神经束（外加脊髓的投射纤维），以及中心部分由神经元细胞体组成的灰质，如图3.4所示。其中有运动神经元、中间神经元以及感觉神经元。脊髓横切面中的灰质看起来像一只蝴蝶，它由两个不同的部分组成，即后角和前角。前角包括向肌肉投射的大型运动神经元，而后角则包括感觉神经元和中间神经元。中间神经元投射至脊髓中同侧和对侧的运动神经元，使得四肢的运动更加协调。

① NEIL R. CARLSON. 生理心理学——走进行为神经科学的世界（第九版）[M]. 苏彦捷，等译. 北京：中国轻工业出版社，2016，63-72.

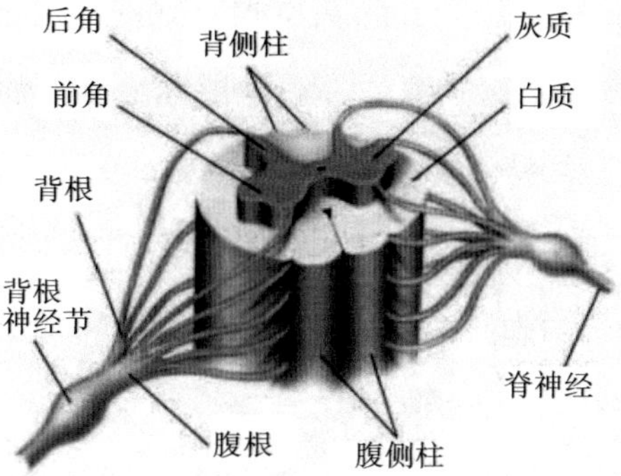

图 3.4　脊髓的大体解剖

脊髓处于脊椎骨的保护之中，去除脊椎骨后即可看到双侧的成对脊神经，它们携带着运动输出信息（腹根）和感觉输入信息（背根）进出脊髓。这些神经从脊椎骨的间隙中进出。

三、外周神经系统

脑和脊髓与机体的信息交流是通过脑神经和脊神经实现的。二者是外周神经系统的组成部分，一方面将感觉信息传递给中枢神经系统，另一方面将来自中枢神经系统的信息向下传递至肌肉和腺体。

脊神经起始于脊髓背根和腹根的连接处。脊神经离开脊柱后，走行至分配区的肌肉或感觉受体，且在走行过程中反复分支。脊神经的分支通常与血管相伴随，尤其是那些支配骨骼肌的分支。以感觉信息进入脊髓和运动信息离开脊髓的通路为例，带有进入脑和脊髓的感觉信息的神经元轴突通常位于中枢神经系统之外（视觉系统除外，视网膜其实是脑的一部分）。这些进来的轴突被称为传入轴突。传递躯体感觉信息的轴突胞体位于脊髓的背根神经节。这些神经元是单极神经元。轴突主干在胞体近端分支，其中一支进入脊髓，而另一支离开感觉器官。应该注意的是，所有背根神经节的轴突都传递躯体感觉信息。腹根的神经元胞体位于脊髓灰质内。这些多极神经元的轴突通过腹根离开脊髓，控制肌肉和腺体，它们被称为传出轴突。

12对脑神经直接与脑的腹侧面相连，大多数参与头面部和颈部的感觉和运动功能。其中，迷走神经调节胸腔和腹腔器官的功能，它之所以被称为“迷走”，是因为它的分支弥散地分布于整个胸腔和腹腔。12对脑神经为嗅神经、视神经、动眼神经、滑车神经、三叉神经、外展神经、面神经、位听神经、舌咽神经、迷走神经、副神经和舌下神经。

应该指出的是，传出（运动）纤维起于脑部，止于肌肉和腺体，而传入（感觉）纤维起于相应的感觉器官，止于脑部。

正如上文所述，进入脑和脊髓的感觉神经纤维的胞体位于中枢神经系统外（视觉系统除外）。躯体感觉信息（包括味觉）是通过脑神经的单极神经元接收的。听觉、前庭和视觉信息是通过双极神经元传递的。嗅觉信息通过嗅束传递、接收来自鼻腔嗅觉受体的信息。

周围神经系统中接收来自感觉器官的信息并控制骨骼肌运动的部分被称为躯体神经系统。周围神经系统的另一分支为自主神经系统，控制平滑肌、心血管肌及腺体的调节。平滑肌位于皮肤、血管、眼球（控制瞳孔大小和晶状体调节）以及消化道、胆囊、膀胱的壁和括约肌。

自主神经系统包括两个独立的解剖系统：交感神经系统和副交感神经系统。机体中几乎所有器官都受它们支配，两个神经系统具有不同的功能。例如，交感神经系统使心率加快，而副交感神经系统则使心率减慢。

交感神经分支主要参与消耗机体所存储的能量的活动。例如，机体在兴奋状态下，交感神经系统能增加骨骼肌的血流，刺激肾上腺素的分泌（导致心率加快和血糖升高）和竖毛（对人类来说是起“鸡皮疙瘩”）。

交感运动神经元的胞体位于胸、腰段脊髓的灰质中，因此，交感神经系统也称为胸腰系统。这些神经元的纤维通过腹根离开脊髓。在加入脊神经后，纤维分支进入交感神经节。每个交感神经节均与上下邻近的神经节相连，因此形成交感神经节链。

通过腹根离开脊髓的轴突属于交感神经节前神经元。所有交感神经节前神经元轴突都与某一神经节内的神经元建立突触联系，与它们建立突触的神经元称为节后神经元。这些节后神经元发出轴突至靶器官，如肠、胃、肾脏和汗腺等。

自主神经系统的副交感神经分支所支持的活动是能增加机体存储能量供应的活动。这些活动包括消化液的分泌、胃肠系统血流的增加等。

发出副交感神经系统节前轴突的胞体位于两个区域：某些脑神经的核团和脊髓骶区灰质的中间角内。因此，自主神经系统的副交感神经分支也通常被称为颅骶系统。副交感神经节位于靶器官邻近区域，因此副交感神经的节后神经元纤维相对较短。副交感神经系统的节前和节后神经元的轴突终扣能分泌儿茶酚胺[①]。

第二节　神经系统的功能

一、大脑的发育

大脑的发育始于一根细管，止于一个重约1400克的复杂结构，由几千亿个细胞组成。那么这些细胞从哪里来？它们的生长又由谁控制？

① NEIL R. CARLSON.生理心理学——走进行为神经科学的世界(第九版)[M].苏彦捷，等译.北京：中国轻工业出版社，2016，74-76.

位于神经管内部的细胞发育成中枢神经系统的细胞。这些细胞包括生成神经元和神经胶质的细胞，后者从中枢迁移至外周。在胚胎发育的第10周，人类的大脑长度大约为1.25 cm，它的横切面主要是脑室，换言之，是个空管结构。在第20周，大脑约为5 cm长，并且已经具备了成熟大脑的基本形状，在横切面可以看到更多的脑组织而不是脑室。

目前为止，对脑发育了解得最多的是大脑皮层的发育。人类的大脑皮层厚度约3 mm，像“树皮”一样包绕着大脑半球。相对于躯体大小而言，人类大脑皮层是所有动物中最大的。正如人们所知道的，大脑皮层的神经元在认知和运动控制中发挥重要的作用。大脑皮层的发育是自内而外的。也就是说，脑室区产生的第一个细胞短距离迁移后形成第一层，下一个细胞穿过第一层形成第二层，最后一个细胞将穿过所有以前生成的细胞。

那么是什么因素决定了神经元从出生地迁移至目的地？研究发现，一种特殊类型的神经节细胞为神经元迁移提供了通路。这种细胞就是放射状胶质细胞，其纤维从脑室区呈放射状向外扩散。纤维末端的杯状足与皮层的表面相接触，当皮层变厚时，这些纤维也随之生长。

脑室区内生成神经元的细胞是前体细胞。在发育的第一个阶段，前体细胞分裂形成新的前体细胞，脑室区增大。这一阶段被称为对称分裂，因为每个前体细胞都生成相同的两个细胞。然后在胚胎发育的几个星期后，前体细胞收到信号而开始非对称分裂。在这一阶段，前体细胞以非对称的方式生成另一个前体细胞，向外迁移至大脑皮层的神经元且沿放射状胶质细胞纤维爬行。

非对称分裂阶段持续约3个月。由于人类大脑皮层神经元总数多达几千亿，这就意味着每天都有约10亿新合成的神经元沿放射状胶质细胞纤维迁移。最早生成的神经元的迁移途径是最短的，需要1天左右的时间。由于皮层不断加厚，最晚生成的神经元的迁移路径较长，需要大约2个星期。当皮层发育结束后，前体细胞接受某种化学信号的刺激而凋亡。传达此信号的化学分子与受体相结合从而激活细胞内的杀伤基因。一旦神经元迁移到了最终的位置，它们就开始建立与其他神经元的联系。神经元长出树突，并接受其他神经元轴突的突触联系，同时生长自己的轴突。

脑室区生成的神经元数目要多于大脑皮层发育所需要的神经元总数。事实上，这些神经元必须经过竞争而存活。有近50%的神经元的轴突无法发现适合的突触后神经元，因为不能建立突触联系而凋亡。这种现象也与化学信号有关，当突触前神经元建立了突触联系后，它接收了来自突触后神经元的信号刺激而继续生存，而没到达适当位置的神经元就无法接收到继续生存的信号。这种方式看起来很浪费，但就进化过程而言，这是最安全的策略，也就是生成大量的神经元让它们通过竞争而建立突触联系。

在发育期间，脑内存在数千条通路，通过这些通路成群的轴突与某一脑区相连。在多数通路中，连接是有序而系统的。例如，来自皮肤感觉神经元的轴突在脑内形成有序连接，来自小指的轴突在某一脑区建立了突触联系，而来自无名指的轴突则在相邻的脑区建立突触联系。同样，眼球视网膜表面也在相应脑区表面建立突触联系。

多年来，科学家们一直认为神经生成（新神经元的生成）并不存在于已经发育成熟的大脑内。然而，近年来的研究发现，这种观念是不正确的，即发育成熟的大脑也具有一些干细胞（与前体细胞相类似），它们能分裂和生成神经元。尽管成熟的大脑能生成新的神经元，但目前尚没有证据指出这些神经元能建立新的联系去替换由于外伤、中风或疾病而遭到破坏的神经循环。

最早脊椎动物的大脑小于演化程度较高的动物的大脑，而且功能也简单。演化过程导致基因改变，而这决定了更为复杂的大脑的发育，其具有更多的结构和更多的相互关系。

相对于躯体大小而言，人类大脑是所有灵长类动物中最大的，是非洲黑猩猩的3倍多。那么脑的演化需要怎样的基因改变？考虑到人类与非洲黑猩猩的基因差异仅仅是1.2%，因此决定人类与非洲黑猩猩大脑差异的基因数肯定是非常少的。事实上，在1.2%的基因中仅有很少的一部分与脑发育有关。

在前体细胞的对称分裂阶段，脑室区不断增大。大脑的最终大小是由脑室区的大小决定的。人类大脑的大小是恒河猴大脑的10倍，因此人类前体细胞的对称分裂要比恒河猴多3～4次。事实上，与其他动物相比，人类的对称分裂阶段要长2天左右，这样就有足够的时间来进行多出的3～4次分裂。人类的对称分裂阶段长，这决定了人类的大脑皮层要厚15%，因此发育阶段的对称和非对称分裂结束的延迟可能决定了人类大脑的增大。

二、大脑机能的发展

在生活条件和教育条件的影响下，童年期儿童神经系统的结构和机能都有进一步的发展。中枢神经系统的成熟是持续并有顺序地进行的，这使儿童能日益演示出复杂的粗细动作技巧。在这个年龄阶段，虽然脑的大小已达成人的90%，但脑皮质的沟回还在随着智力的发展而继续发展。脑的生长速度大大下降，在9岁时脑重达1350克，已达成人脑重的95%。12岁孩子的脑重为1400克，已接近成人脑重。脑神经元的体积增大，突起分支增多，神经纤维增长，作为随意运动的生理基础——额叶在不断增大。枕叶到9岁时已经基本成熟，颞叶到

11岁时基本成熟，全皮质（指枕叶、颞叶与顶叶）到13岁时基本成熟。若以α波的频率作为成熟的标志，则13岁儿童的脑已基本成熟；若以“重脉搏”与“复脉搏”的呈现值作为脑成熟的指标，则13—14岁儿童的脑已基本成熟。包裹神经细胞轴突的髓鞘膜的发展，在童年期一直持续着，最后成熟的速度和脑的生长是同步的。中枢神经系统的髓鞘化反映在精细运动或技巧的改善方面，甚至比粗动作的改善还要明显。平衡及眼—手的协调逐渐完善，手变得更灵巧了。7岁儿童的手已较平稳有力了，8—10岁儿童可以容易并精确地独立使用双手。这个年龄的儿童在日常生活中已经可以自理了。

随着大脑皮质的生长发育，大脑的机能也随之发展。儿童大脑的兴奋过程与抑制过程逐渐趋向平衡，觉醒时间延长，睡眠时间缩短。儿童平均每天需要的睡眠时间为：7岁时11小时，10岁时10小时，12岁时9～10小时。内抑制自4岁以后迅速发展，且发展速度不断加快。这表现为儿童能更细致地分析、综合外界事物，并且更善于调节、控制自己的行为。内抑制指条件刺激重复出现而不伴随非条件刺激的强化作用，而使条件反射逐渐消退的现象。由兴奋过程转化而来，原来能引起大脑皮质产生兴奋过程的条件刺激转变成抑制性刺激，引起大脑皮质产生抑制过程，使反射不出现。同时，内抑制的发展加强了大脑皮质对各类活动的控制，并且也加强了儿童心理的稳定性。条件反射形成的时间也在缩短，形成后不易泛化，也较为巩固。

三、大脑的功能

大脑的两个半球主要可以分为四个叶。这些区域担负着不同的功能，每个叶在解剖结构上都有着与其他叶相区分的明显标志，比如脑的明显沟裂。这些脑区的得名来自其对应位置的颅骨。例如，颞叶即为位于颞骨下方的脑区。颞骨来自拉丁语中的颞部（temporalism，意为时间），随着时间的流逝，颞骨附近的头发会变得花白，这可能即为“颞骨”这一名称的由来。

上述四个脑叶分别为额叶、顶叶、颞叶和枕叶，如图3.5所示。额叶和顶叶由中央沟隔开，而外侧裂则将颞叶与额叶、顶叶分隔开来，大脑背侧的顶枕沟和腹外侧的枕前切迹则将枕叶与顶叶、颞叶分隔开来。

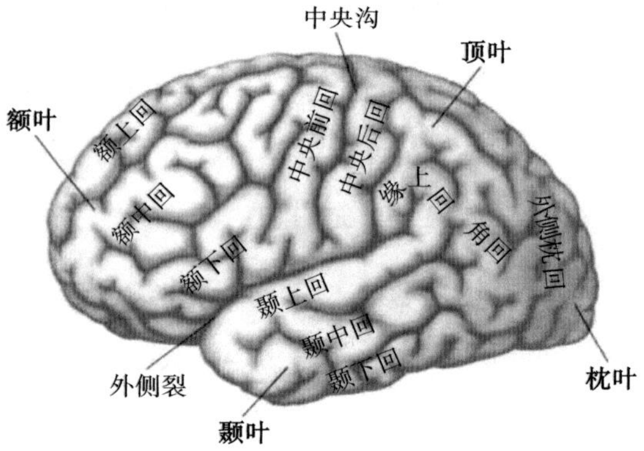

图3.5　人类左侧大脑半球的外侧观

大脑皮质的各叶在神经加工过程中发挥着多方面的作用，虽然主要的功能系统一般都能够定位在某个脑叶中，但是也有很多系统是跨脑叶的。换句话说，这些功能系统并不是完全由一个脑叶承担的，解剖学上对大脑皮质的进一步分区表明，在某种程度上其与不同的感觉或运动功能相关。根据其基本原理，大脑中的认知系统通常由不同的神经网络组成，这些组成成分位于大脑皮质的不同区域。最后，脑的大部分功能都需要皮质和皮质下结构的共同作用，不论是感觉、运动还是认知功能都是如此。

（一）额叶中的运动区

额叶在运动的准备和执行方面起到十分重要的作用，它主要包括两个部分：运动皮质和前额叶皮质。运动皮质起自中央沟的深部并向前方延伸。初级运动皮质包括中央沟的前部和中央前回的大部分。在这一区域的前部是两个更加重要的运动皮质，即运动前区和辅助运动区，其中运动前区位于大脑半球外侧面，辅助运动区在运动前区的背侧并延伸至半球的内侧面。这些运动皮质中含有运动神经元，其轴突随着脑干和脊髓下行，并与脊髓中的运动神经元形成突触。

额叶中位置更靠前的部分是前额叶皮质，它在计划和执行方面发挥着重要作用，这些功能都要求对不同时间的信息进行整合。在大体解剖学的分区中，前额叶主要包括三个区：背外侧前额叶、眶额皮质以及扣带前回和内侧额叶。

（二）顶叶中的躯体感觉区域

躯体感觉皮质位于中央沟的后部，围绕着中央后回及其邻近区域。这些皮质区域接收来自丘脑躯体感觉中继的输入，包括触觉、痛觉、温度感觉以及本体感觉等。初级躯体感觉皮质在中央沟的尾侧，次级本体感觉皮质在初级感觉皮质的腹侧，主要通过纤维投射直接接收来自初级躯体感觉皮质的信息。投射到后顶叶皮质的躯体感觉信息来自初级躯体感觉皮质和次级本体感觉皮质。

（三）枕叶中的视觉加工区域

初级视皮质接收来自丘脑外侧膝状体中继的视觉输入。人类的初级视皮质位于大脑半球的内侧面，只向大脑的后部半球延伸出一小部分。因此大部分初级视皮质在脑的表面是看不到的。这一区域的皮质负责对颜色、明度、空间频率、朝向以及运动等信息进行编码。

来自外界的视觉信息首先在视网膜上的多层细胞中得到加工，然后经由视神经传送至丘脑的外侧膝状体，之后传送至初级视皮质。这条通路通常被称为视网膜膝状体纹状体通路或初级视觉通路。此外，来自视网膜的投射还会通过次级投射系统被传送至皮质下的其他脑区。次级通路的主要目的地是中脑上丘，这部分结构参与一些视觉眼肌运动功能，例如眼动。

（四）颞叶中的听觉加工区域

听觉皮质位于颞叶上部，藏于外侧裂中。来自耳蜗（内耳中的听觉感觉器官）的投射，具体从皮质下中继到丘脑的内侧膝状体，继而传至上颞叶皮质中的颞横回。听觉皮质周围的一些区域能够促进对听觉输入的知觉加工，刺激这些区域时，人类便产生对声音的感觉。

（五）联合皮质

传统上将新皮质中不能被单纯划分为感觉或运动的部分定义为联合皮质。这些区域接收来自许多皮质区域的输入，其中包含的细胞可能被不止一个感觉通道的刺激激活，其作用很难被单纯地划分为感觉或是运动。以视觉联合皮质为例，虽然初级视皮质对于视觉是必要的，但它和纹外皮质并不是视知觉加工的唯一位置。顶叶和颞叶中的视觉联合区域在对外界的准确视知觉中都扮演着重要的角色。例如：左半球中的顶-颞-枕联结中的联合区域在语言加工中扮演着十分重要的角色，而右半球中的对应位置则与注意定向有关。综上，更高级的心理加工是位于感觉运动交互区域的联合皮质的主要任务[①]。

四、大脑的可塑性

从受孕后丰富的细胞活动可以明显看出，在发育过程中，神经系统极富可塑性，或者说有适应力。它可以改变自身的形式，包括细胞

① GAZZANIGA M S, IVRY R B, MANGUN G R. 认知神经科学——关于心智的生物学［M］.周晓林，高定国，等译.北京：中国轻工业出版社，2011，63-65.

的类型、位置以及它们的相互联结方式。这种发育的可塑性与成人大脑相对的僵化刚性截然相反。事实上，直到最近人们还普遍认为成人大脑不会再发生重大改变。

然而，现在很清楚的是可塑性在成年大脑中也存在。毕竟成年时人们也能学习新东西，而这些新知识新技能一定会反映在大脑的解剖结构中。学习涉及的一个主要改变就是大脑回路中神经元之间突触强度的变化。学习加强了那些对习得的行动或行为很关键的联结，而削弱了那些没有用上的联结。人们已经开始在分子水平上详细了解这一变化的机制。鉴于成人行为上显著的可塑性，成人大脑中必定有某些可塑的变化。

成年哺乳动物（包括人类）的大脑可以产生新的能发挥作用的神经元。在重大损伤后感觉系统的结构可以发生戏剧性的变化。根据这些事实，可以预期，相当强度的训练（比如学习和掌握音乐技能）也许会导致成人大脑的改变。

研究者采用脑磁图技术考察了音乐家，尤其是小提琴家手部的体感表征。小提琴家用右手拉弓左手按弦，用精确调控的设备去碰触皮肤并刺激手指，结果发现音乐家大脑右半球（控制按弦的左手）的反应比非音乐家的大。这些发现表明，由于这些音乐家感觉经验的变化，大脑用更大的皮质区域来表征他们的手指感觉。有趣的是，这些音乐家一般从一生的早期开始训练，并且这一效应（大脑反应增强）的大小与他们开始音乐训练的年龄相关。

另有研究者考察了成人运动系统的可塑性。他们请志愿者用一只手完成一项简单的运动任务，这项任务要求被试按特定顺序用大拇指碰触其他手指。他们每天只需花几分钟的时间来做这项任务。通过练习，他们大拇指碰触的准确性和速度都提高了。针对训练过和没训练过的顺序，科学家们利用功能性磁共振成像技术测量了这些被试的运动皮质与活动相关的血流量变化的大小。结果发现，几周后，与训练过的顺序对应的运动皮质的血流量比没训练过的变化更大。事实上，一些证据表明皮质重组在练习15～30分钟后就能发生。

成人大脑具有可塑性的进一步证据来自美国国家健康研究所。Sadato和他的同事1996年用正电子发射型计算机断层显像技术测量了失明和正常被试进行触觉区分任务时视皮质的血流量。他们发现，失明被试初级和次级视皮质的血流量都增加了，而这些皮质正常情况下只对视觉刺激起反应；正常被试完成触觉任务时这些视皮质的血流量则下降了。

更近些时候，研究者考察了正常被试在长期戴眼罩的情况下大脑皮质的可塑性。这一研究包括四组被试。连续5天蒙上两组被试的眼睛，其中一组被试接受了高强度的盲人点字训练，另一组则没有。匹配的控制组没有蒙上眼睛。无论被蒙上眼睛的被试有没有接受训练，视觉剥夺仅5天后，他们都能比未蒙眼睛的被试更好地区分盲人点字字母。这一发现表明，一旦被剥夺正常输入，成人的视觉系统在很短时间内就可以进行触觉分析。并且，在研究的最后一天用刷子给予左右手指尖触觉刺激时，这些被试的功能磁共振图像显示出视皮质的激活。有趣的是，移去眼罩20小时后，触觉刺激对视皮质的激活就消失了。另外，枕叶皮质的经颅磁刺激会干扰蒙眼最后一天被试的触觉区分能力，但不干扰眼罩移除后被试的区分能力，表明蒙眼时视皮质的激活对触觉区分有功能性作用。类似地，听觉刺激也能激活蒙眼被试的视皮质：在音调和音素的匹配任务中，蒙眼被试出现了左半球内侧枕叶和上颞叶后部的激活。

这些数据指出，在正常大脑中，训练可引起皮质组织的较快改变，这反映了神经系统学习及保持新信息和技能的可塑性。有一天这样的神经重组可能在临床上起到有益作用，这一可能性是极诱人的。然而，在它成为可能之前，神经科学家们必须先揭示可塑性背后的机制。

大多数皮质可塑性机制的证据都来自动物研究。结果显示了一连串的效应且在不同的时间尺度上起作用。人和其他动物皮质图谱的变化基本上在感觉输入或运动活动改变时可以即刻检测到，其他部分的可塑性要花更长的时间才会出现。迅速的改变可能反映了皮质已有的微弱联结，并通过解除抑制和改变突触的效能来实现。长期的可塑性则可能是由新突触或轴突的生长引起的。

即时效应的产生可能是因为皮质抑制性突触活动的突然减弱，正常情况下它会抑制来自原感受野以外的感受器向皮质的微弱输入。研究表明，运动皮质的重组依赖于γ-氨基丁酸的水平，它是主要的抑制性神经递质。当用γ-氨基丁酸受体阻抗剂增强氨基丁酸的抑制水平时，可塑性降低了。当对手部进行缺血性神经阻滞，使γ-氨基丁酸水平下降时，情况则相反。这些数据表明，至少在运动皮质，短期的可塑性可以通过解除远端突触输入的紧张性抑制来调节。

增加或减少感觉或运动活动一段时间后，皮质图谱的改变可能与原本很微弱的兴奋性突触的效能调节有关。失去正常的感觉输入后（如截肢或外周神经切除），原本对那些输入做出反应的皮质神经元可能进入“去神经增敏状态”，即增强对任何尚存的微弱兴奋性输入的反应强度。但由更细微的反应变化（如运动或感觉学习）引起的重排可能依赖于突触效能的受调节的变化。最后，动物的某些证据表明，皮质内轴突联结的生长，甚至新轴突的产生，都可能对这些缓慢的变化有所贡献。

人们对涉及多于一个皮质区域活动变化的基础知之甚少，比如触觉对盲人视皮质的激活。可能的假设是这种可塑性的发生基于已有回路效能的改变，但几乎没有证据说明究竟哪些特定的连接形式可能与此有关，也没有达成广泛的共识。皮质中有许多通路允许从“高级”

到“低级”感觉区域的反馈，这一广泛的网络可能在其他感觉区域输入的控制之下，使它们能够激活通常用于另一感觉系统的皮质区域。另一种可能是，远程的影响可能通过多重的、序列的连接，甚至通过丘脑的下行和上行环路来调节。

研究者指出某些在感觉缺失（如盲人）后表现出异常反应的脑区一般会参与多通道感觉过程。由于多通道区域已经有来自许多感官的输入，一种感觉输入的缺失会增强对其余感觉输入的反应也就不奇怪了，它可能是通过调节联合连接突触的强度产生的[①]。

这是大脑可塑性研究的热门课题，希望在不久的将来，每种形式皮质可塑性的机制都能有一个明确的答案。

① GAZZANIGA M S, IVRY R B, MANGUN G R. 认知神经科学——关于心智的生物学[M].周晓林,高定国,等译.北京:中国轻工业出版社,2011,87-91.

第四章　语言学习的神经机制

第一节　语音加工的神经机制

语音加工是高度自动化的过程。通过分离的任务或者元分析的方法，以往研究者提取出了语音加工的相关脑区。Vigneau等人2006年公布了一项用大规模的研究数据所做的元分析结果。其中对涉及语音任务（音节发音、阅读、听、假词和真词比较、尾字母音节辨认、语音回忆等）研究的元分析结果发现，语音任务激活了左侧的大片脑区，包括左侧额叶后部、颞上回和顶下的缘上回。具体来说，额叶区域包括中央前回下部、额下三角部、盖部；颞叶激活的区域包括从颞上沟经过颞平面到缘上回，以及颞中沟附近区域。

当然，语音加工也涉及很多的认知成分。语音感觉和运动准备可能征用了额颞网络，而语音工作记忆的加工可能征用了额顶网络。前者激活的脑区包括中央前回下部、舌回、颞平面等。中央前回下部在语音和语义比较的任务里广泛地被激活，可能与工作记忆任务也会用到的不发声的排练有关。而舌回可能与发音有关，这个脑区的一侧化在语音默背和无声唱歌上还存在差异，前者激活呈现左侧化，而后者激活呈现右侧化。至于颞平面，在大多数听觉任务中都有激活，以往研究普遍认为这个脑区与语音知觉有关，它可能加工了声音信号中的时间变化信息，它与颞上回后部在以往的言语听觉和言语产生任务中经常被报告。所以颞平面、颞上回后部以及与运动相关的一些脑区，如中央前回附近的一片脑区以及额叶盖部可能组成了语音的知觉——运动网络。语音工作记忆征用的额顶网络包括额下部分区域和顶叶区域的缘上回。关于额下皮层在语言任务中的功能，一直存在争议。1999年，Poldrack等人的研究在语音和语义任务中都发现了这个脑区的激活。根据研究结果，研究者们提出，这个脑区的三个部分可能存在功能上的分离：背侧的盖部负责语音加工，而腹侧和前侧的三角部和眶额部负责语义的加工。与中央前回不同的是，这些脑区与嘴唇和舌头的运动无关，而主要与一些外显的工作记忆任务（这些任务需要被试在延迟的时间里在心里回忆）有关，这与Baddeley在1992年提出的语音环的概念相吻合。至于在语音工作记忆任务中共同激活的缘上回，可能反映了语音储存的功能。这些脑区，以及其下连接它们的弓形束和短的纤维束，共同组成了感觉-运动环路上语音工作记忆的神经基础。

虽然许多研究都发现了额下回和缘上回在语音任务中的激活，但这些脑区的具体功能还存在争议。由于语言加工中音、形、义各成分的高度自动化加工和大脑脑区本身多功能的特点，对语音加工的大脑定位至今仍然没有一致的结论。随着新技术的不断发展，特别是纤维追踪的弥散张量成像（Diffusion Tensor Imaging，简称DTI）等技术的广泛应用，近年来，研究者们一般不再单纯地探讨语音加工的大脑区域，而是从大脑加工回路的思路来探讨涉及语音加工和其他认知成分的语言加工的神经网络。Jobard等人2003年采用元分析的方法，对35篇关于语言加工的脑成像研究进行综合分析，提出语言加工的第一步是左侧颞枕区域的字形加工，而后可能经过两条通路到达单词。这两条通路，一条是语音拼读通路，即按照形音对应规则进行语音拼读而获取语音，主要由颞上回、缘上回和前额叶鳃部负责，后两个区域的激活可能表明语音拼读需要更高的记忆载荷；另一条通路通到达语义，主要由颞下回、颞中回后部和额下回的三角区域负责，这些区域在语义加工中扮演重要的角色。

第二节　字形加工的神经机制

一、视觉字形加工区

字形加工在经典的阅读认知模型里是在“视觉字形系统”或者“视觉输入词典”的功能模块中完成的。按照这种模块化的理论，在这个阶段，词汇还没有被理解，只是抽象字形形成的阶段。在字形加工过程中，研究者们特别关注的一个脑区是左侧的梭状回，又称视觉字形加工区。这个概念的正式提出要追溯到2000年Cohen等人在*Brain*上报告的两个胼胝体损伤的病人。这两个人对右侧呈现文字的加工没有受到影响，而对左侧呈现文字的加工受到影响。进一步进行功能磁共振扫描发现，与正常控制组相比，胼胝体损伤的两个病人加工文字时主要的不同在左侧的梭状回。左侧呈现文字时，正常人的左侧梭状回被激活，而病人没有；在右侧呈现文字时，两组人左侧梭状回的激活没有差异。根据以往的研究，他们认为，在文字加工中，首先要传入对侧的视觉区，进行一般性的视觉加工，然后传到左侧梭状回，于是他们正式提出左侧梭状回为视觉字形加工区，简称“VWFA”，专门负责字形的加工。

Cohen等人2000年提出这个概念以后，这个小组对VWFA进行了一系列后续的研究，并在2003年综合其他人的研究结果提出了“视觉专家化”假设。他们认为，文字的发明只有5000年左右的历史，不足以在大脑中形成一个模块来专门进行字形识别，所以VWFA是长期阅读经验形成的特异化脑区。这个位于视觉系统的脑区里存在着这样一群对字形的抽象属性和结构规则起反应的神经元。“视觉专家化”假设还认为，这个区域对于字形的加工是前词汇和意识层面之下的。因为在假词和字母串的比较中，发现假词比字母串有更强的激活；而在无意识的启动下，被试这个脑区的激活也受到了影响。按照这个假设的思路，该脑区是专门负责抽象字形的加工，并且这个加工过程是在封闭的模块中进行的，不会受到其他因素的影响。

继“视觉专家化”假设后，这个小组在2005年又在相同的杂志上发表了一篇综述，提出了局部联合检测模型（Local Conbination Detectors），试图进一步解释抽象字形是怎样在VWFA中表征的。他们认为，对字形的加工，从初级视觉皮层到高级视觉皮层的加工是层进性的，所有视觉刺激都会进入外侧膝状体，在初级视觉皮层（V1）是对方向进行加工，到纹外皮层（V2）的时候开始对字母的轮廓进行加工，在更高级的视觉皮层，就开始对抽象的字母和双字母组合进行加工，一直到单词的表征。

虽然很多研究都发现了视觉字形加工中左侧梭状回的激活，但是这个脑区是否专门化地负责字形加工，一直受到很大的争议。其中很多研究者认为，VWFA不仅与视觉字形的加工有关，还与心理词典的储存以及语义的加工有关。不支持的证据包括：（1）其他通道加工刺激时也有梭状回的激活。如听觉通道加工刺激或者盲人在加工盲文的时候。（2）词频效应的一些证据也不支持。根据“视觉专家化”假设，频率越高的单词应该更强地激活梭状回，而有些研究发现并非如此。（3）训练的研究通过形、音、义分离的训练方法来综合探讨VWFA是否受到音、义学习的影响。Xue等人2006年采用中国被试完全不认识的人工韩字来进行音、形、义分离的训练，结果发现，训练前两种任务中人工韩字字形加工都比汉字字形加工时VWFA活动强。字形训练后，人工韩字字形加工中梭状回激活降低，语音训练后其激活升高，语义训练后右侧的梭状回激活升高。这说明VWFA会受到语音、语义的调节。（4）Barton等人2009年的研究发现，即使是一些与抽象字形无关的表面视觉信息，如字体等，也会影响这个区域的激活。

对于字形加工的关注，从经典的阅读模型中设计的字形加工算起，已经有100多年的历史。而VWFA作为视觉字形加工区这个概念被正式提出，不过20多年的时间。就在这短暂的时间内，脑成像技术带来了许多不断更新的证据。迄今为止，研究者已经普遍认同VWFA负责视觉字形的加工。但是，大脑的模块化加工不断受到挑战，这个脑区会受到其他因素调节的观点，也已被广泛接受。

对于VWFA的探讨，另一个重要的方面就是对其一侧化的研究。语言的加工具有左侧化的优势，但是跨文化的研究发现，不同语言系统可能存在一侧化的差异。就字形加工而言，英文文字的左侧化是以往研究得出的比较一致的结论，但是对于中文、韩文、日文等在字形构造上更具有空间感的表意文字的加工，还存在争议。Bolger等人2005年的研究以及Liu等人2008年的研究发现，不同文字系统具有比较相似的语言加工网络，特别是左侧VWFA，在不同系统的文字加工中，表现出很大的一致性。但是Xue等人2006年的研究发现，这些文字与英文不同，表现出双侧化或者右侧化的加工方式。这可能是由于在加工英语这样的表音文字的时候，受到了形音转换的影响。除了文字系统的影响外，Vigneau等人2005年的研究认为，字形加工中梭状回激活一侧化可能还会受到语义的调节和熟悉度的影响。

二、左侧梭状回在词汇阅读中的作用

关于左侧梭状回与字形加工的最初证据来源于脑损伤研究。在脑损伤病人中，有一种病人只是视觉字形加工能力受到损伤，而其他语言能力都相对完好无损。他们能够理解和重复听觉呈现的声音，没有言语产生和书写障碍，但是不能阅读书面呈现的单词。这类病症称为纯失读症。纯失读症患者词汇阅读通常会采用逐字母的阅读方式，他们在词汇的整体识别机制上受到了损伤。纯失读症为揭示字形加工的脑机制方面提供了重要证据。

绝大部分纯失读症患者是因为左侧颞枕区域或者该区域与其他区域的联系受到了损伤。然而，通常情况下，纯失读症患者的脑损伤往往都是较大面积的损伤，会由梭状回扩散到其他地方。这样的大面积损伤给揭示纯失读症患者的神经机制带来了极大的困难。2006年，Gaillard等人的研究报告了一例极为罕见的脑损伤病人。这个病人在接受手术时切除了左侧梭状回中部的一小块皮质。在手术后，该病人的一般语言能力（如语音、语义加工）和识别其他类别的物体（如面孔、工具等）的能力完好，但是却表现出特异性的阅读损伤。该结果为揭示左侧梭状回在视觉词汇加工中的特异性作用提供了一定的支持。

无损伤脑成像技术的发展，为研究者观察正常个体视觉词汇加工中梭状回区域的活动提供了可能性。到目前为止，大量研究通过真词与非词的比较，在拼音文字和图形文字中都发现了左侧梭状回区域在视觉词汇加工中扮演着重要的角色。如Cohen等人2002年采用区组和事件相关设计分别比较了真词与辅音字母串加工时大脑活动的差异。在实验中，刺激分别在左视野和右视野呈现。他们发现在区组设计和事件相关设计中，真词在左侧中部梭状回的激活都比辅音字母串高，而且这种效应在两侧视野没有差异。他的结合真词与符合正字法规则的假词在左侧梭状回区域的激活没有差异这一发现，推出左侧梭状回区域可能对正字法规则敏感。与此一致，Liu等人2008年以中文真字、假字和陌生字形多为材料进行的研究也发现了类似的结果。他们发现与陌生字形材料相比，中文真字和假字在左侧中部梭状回区域的激活更强，并且该区域的位置与前人研究中发现的视觉字形加工区非常接近。

脑成像研究还发现，随着阅读成绩的提高，左侧梭状回更多地参与到词汇阅读中。如Brem等人2006年采用ERP和fMRI技术考察了视觉词汇识别发展的脑机制。他们发现，ERP的N1波幅（被认为是特异于字形加工的ERP成分）和左侧梭状回的活动与被试的阅读成绩存在显著正相关关系，即阅读成绩越好的个体的N1波幅越大，在左侧梭状回的激活越强。与此类似，其他一些研究也发现了非常相似的结果。

支持左侧梭状回在视觉词汇加工中的重要作用的另一个证据来源于阅读障碍的脑成像研究。McCrory等人2005年通过比较正常个体与阅读障碍个体在阅读任务中的大脑活动发现，与正常个体相比，阅读障碍个体在左侧梭状回区域的激活明显下降。在正常个体中，梭状回的活动通常对正字法熟悉性比较敏感（即陌生字形比熟悉字形的激活更高），然而2009年的相关研究发现，阅读障碍的个体并没有表现出类似的效应。这可能反映了阅读障碍个体在左侧梭状回区域的功能存在显著缺陷。

最后，人工语言训练的研究也支持了左侧梭状回在视觉词汇加工中的重要作用。Xue等人在2006年的一项人工语言训练的研究中训练了12名中国大学生被试学习陌生的韩字。字形训练持续2周，每天训练大约2个小时。他们发现，学习开始阶段被试左侧梭状回的激活能够显著预测两周后被试的字形学习成绩，说明使用左侧梭状回来学习字形最为有效。研究者认为，这可能是因为长期的语言经验塑造的左侧梭状回最适合学习新的字形。后来，Chen等人2007年采用较大的样本验证了这一结果。

正是因为如此，Cohen和他的合作者们分别于2000年和2002年在*Brain*杂志上发表了两篇文章。他们在文章中提出了左侧中部梭状回为视觉字形加工区的观点。2003年和2004年，他们又分别在*Trends in Cognitive Sciences*和*NeuroImage*上发表了两篇综述，详细介绍了VWFA的概念及该区域的一些特性。虽然文字的历史已有几千年，但在人脑中无法产生一个区域专门负责视觉字形的加工，因而McCandliss等人提出该脑区可能是受到长期阅读经验塑造的结果。

Cohen等人认为左侧梭状回具有如下三个重要的特性：空间定位的高度可重复性、对抽象字形表征的反应特异性和对视觉单词的反应选择性。Cohen等人2002年对超过25个实验进行了分析，发现VWFA的峰值大约在−43，−54，−12（Talairch坐标），并且被试之间的重合度很高，有超过90%的被试在这个位置附近有显著激活。类似地，Bolger等人2005年采用元分析的方法对超过40个研究进行了重新整合和分析，结果显示，各个研究发现的VWFA的峰值重合在−42，−55，−12。需要注意的是，元分析中涉及了各种语言和各种视觉加工任务，这说明VWFA在不同被试、不同研究和不同文字系统下的定位具有高度的可重复性。

VWFA的第二个特性是对抽象字形表征的反应特异性。首先，尽管VWFA位于大脑的左侧半球，但是它对于刺激的呈现视野并不敏感，呈现在左视野和右视野的单词在VWFA诱发的fMRI激活强度没有差异。其次，VWFA对于单词的物理特征（如颜色、大小写）的变化不敏感。前人研究发现，当单词以全小写（如“cup”）或大小写混合（如“CuP”）呈现时，VWFA具有相同的激活。采用fMRI的适应范式，Dehaene等人2004年和2001年的研究发现，无论启动刺激与目标刺激的大小写是否一致，都会在VWFA观察到重复抑制效应。

VWFA的最后一个特性是对于视觉单词的反应选择性。需要说明的是，这里的选择性并不是指VWFA只对视觉单词有反应，对于其他刺激都没有反应，而是指VWFA对于视觉单词的反应强度高于其他非文字物体。与此一致，一些研究发现，单词在VWFA区域的激活显著高于面孔、房子和图片等其他非文字材料。另外，Dehaene等人2002年发现VWFA只对视觉单词有反应，而对于听觉单词没有反应，说明VWFA是一个视觉单通道区域。

尽管如此，另外一些研究却发现左侧梭状回并不是特异于加工视觉单词的。VWFA假设的反对证据主要来源于以下几个方面。首先，一些研究发现VWFA同样参与其他非文字的物体加工。与此观点一致，Mei等人2010年直接比较了汉字和面孔加工时VWFA的大脑活动，发现两种材料对VWFA的激活没有任何差异。其次，Xue等人2006年的研究以及Xue和Poldrack 2007年的研究发现，熟悉单词与陌生语言的单词对VWFA的激活没有任何差异。再次，Devlin等人2006年的研究以及McCrory等人2005年的研究认为，VWFA在形、音、义信息的整合中也发挥了重要作用。最后，Hillis等人2005年的研究发现，VWFA受损的病人不是只在视觉词汇加工中表现出困难，而是在所有需要词典输出的任务中都表现出困难，说明VWFA可能参与词典加工。

通过以上综述可以发现，尽管大家一致地认为VWFA在视觉词汇加工中有重要作用，但是对VWFA的具体功能并不清楚。Mei等人2010年结合大脑两侧半球功能分工的观点，提出左侧梭状回并不是专门负责字形加工，而是参与一般性的认知加工。大脑两侧半球功能分工的观点认为，大脑左侧和右侧半球可能分别参与低频与高频、部分（或特征）与整体的加工。根据大脑两侧半球功能分工的观点，当视觉加工更加偏向于部分（或特征）信息时，大脑更倾向于使用左侧半球进行加工；而当视觉加工更偏向于整体信息时，大脑则更倾向于使用右侧半球进行加工。与此一致，Mei等人发现，在偏向整体加工策略的知觉任务中，面孔加工在梭状回区域的激活表现出明显的右侧化模式，汉字加工表现出左侧化模式；在偏向细节加工的编码任务中，面孔加工表现出双侧化模式，而汉字加工的左侧化趋势变得更加明显。Rossion等人2000年关于面孔识别的研究也发现，左侧梭状回主要负责面孔细节信息的加工，而右侧梭状回主要负责面孔整体信息的加工。然而，由于Mei等人在研究中使用的知觉和记忆编码任务在呈现参数和刺激属性等方面都存在差异，所以VWFA的功能是否符合大脑两侧半球功能分工的观点还需要进一步研究。

三、左侧梭状回内子区域的功能分工

从结构上来说，左侧梭状回是个相对较大的脑区。最近的研究提示，左侧梭状回远非一个功能单一的结构体，而是从后部到前部，不同子区域可能具有不同的功能。Simon等人2003年采用学习测查的启动范式对左侧梭状回内前后部不同子区域的功能进行了考察。在实验中，他们进行了两种操作，分别是知觉操作和语义操作。在语义操作中，他们设计两种声音与图片的联系，一种声音为图片的名称，而另一种声音为无意义的声音。通过比较这两种图片和声音配对的重复启动效应，可以考察对语义操作敏感的区域。在知觉操作中，他们在测查阶段将学习阶段的图片和名称配对中的图片替换为另一张相同种类的图片。通过比较这种配对在学习阶段和测查阶段的激活差异，可以考察对知觉操作敏感的区域。结果发现，左侧梭状回的后部区域对知觉操作敏感，而前部区域对语义操作敏感。这一结果表明，梭状回后部可能更多地参与知觉水平的加工，而前部可能更多地参与词汇语义的加工。与此发现一致，Xue和Poldrack 2007年的脑成像研究比较了英语母语者阅读英语单词和陌生语言（韩语）单词时梭状回前后子区域的活动差异。他们选取了梭状回前、中、后部和后部颞下回为感兴趣区域（Region of Interest，简称ROI），结果发现，英语单词在颞下回和梭状回前部激活更强。

除了知觉和语义的功能分工之外，一些研究还发现梭状回的后部和前部分别负责加工单通道与多通道信息，以及单词的局部特征和整体信息的加工。这些发现可能提示，梭状回的不同区域在阅读的双通路中可能扮演不同的角色。具体来说，由于梭状回前部更多地参与词汇语义的加工，那么该区域可能更多地与语音提取通路有关；而梭状回后部更多地参与知觉层面的加工，那么该区域可能更多地与语音拼读有关。与此假设一致，Herbster等人1997年的研究发现，一些真词与假词阅读的对比研究确实发现真词阅读比假词阅读在左侧梭状回前部激活更强；Mechelli等人2003年的研究发现，假词阅读比真词阅读在梭状回中、后部的激活更强。有趣的是，Mechelli等人2005年采用动态因果模型（Dynamic Causal Modeling，简称DCM）分别考察了被试阅读发音规则的真词、发音不规则的真词和假词时梭状回的前、中、后部与前额叶的背侧和腹侧区域的功能连接差异。他们发现，在阅读假词时前额叶背侧区域（前运动区）与梭状回后部区域的功能连接增强，而在阅读发音不规则的真词时前额叶腹侧区域（三角区）与梭状回前部的功能连接显著增强。这说明梭状回的前、后部也分别参与了阅读的语音提取和拼读，并与前额叶的腹侧和背侧区域分别组成语音提取与语音拼读通路。然而，由于真词与假词在诸多方面存在差异（如任务难度），这给结果的解释带来了很大的困难。

第三节 语义加工的神经机制

关于语义加工的相关脑区，当前研究存在很多争议。一方面，在所有任务中，语义的激活是最广泛的，而语义本身是一个比较抽象的说法，不像语音和字形，目前对语义这个概念本身还有很多争议。另一方面，目前对所谓的语义相关脑区，到底是由于什么功能而被激活，也存在较大争议。关于额下回是语义加工还是语音加工的重要脑区，以往研究得出的结论存在不一致性。大多数研究得出额下回的三个区域（眶部、三角部、盖部）功能分离的说法，其中腹侧的眶部负责语义加工，背侧的盖部负责语音加工。

关于额下回前部是语义加工的脑区，也有许多研究者提出质疑。1997年，Thompson-Schill与他的同事们认为，该区域实质上是竞争反应的脑区。他们设置了一个涉及小的竞争需要和大的竞争需要的面孔语义判断任务，结果发现前者没有激活这个区域，由此验证了他们提出的额下回前部是负责竞争反应的脑区。1999年，他们又采用了启动的范式反对了语义目标越多这个区域激活越强的预测，进一步验证了竞争模型。在根据呈现的名词说出相关动词的启动任务中，他们设置了无关和相关启动信息，实验结果支持了竞争模型，即无关启动信息更大地激活了额下回前部。当然，关于额下回功能的争议并没有结束。2001年，Wagner等人对“竞争选择”反应模型提出了质疑。首先，Thompson-Schill等人发现的与“竞争选择”有关的脑区与以往研究者们提出的语义相关脑区在位置上并不一致，与“竞争选择”有关的脑区比这些脑区靠后。其次，Wagner等人认为额下回前部实质上是与语义提取过程相关的脑区（这个过程会受到竞争的干扰而不是与选择有关）。他们通过改变词的连接强度和目标词的数量，发现连接越弱的词（需要更强的语义提取），在这个区域的激活更强，由此验证了额下回后部是负责语义提取的脑区。

除了额下回前部，以往研究发现参与语义加工的还包括颞叶的大片脑区。通过对以往涉及语义加工的研究进行元分析，研究者们把语义任务中颞叶的功能分成三个方面：一是书写文字这种特异化状态激活的脑区，主要是在颞上回后部。这个区域可能是字母或者单词转化为音节声音时保存到语音网络的工作记忆中加入进去的。二是非特异化的文字语义区域，主要是在颞中区域。三是各种模态与概念的转换区，位于颞顶联合区的角回和颞枕联合区的梭状回前部，其中角回主要负责文字或者物体（视觉和听觉形式的加工中都会涉及）从感觉表征转换为赋予意义的符号的表达，而梭状回被认为是文字和概念转换的节点。通过白质纤维的连接，视觉、听觉或者长时记忆的信息传达到颞极和额下回眶部，然后再传到角回。其中额下回的前部是语义选择的区域，而角回是语义关联精细化的区域。

第四节　阅读的神经网络

如前所述，阅读加工包含多个认知成分和加工过程。在神经机制上，阅读也需要一个广泛的神经网络支持。本节将首先简要综述脑损伤和脑成像研究中发现的阅读过程所涉及的神经网络，然后重点介绍阅读的神经双通路机制。

一、阅读加工的重要脑区

在脑成像技术出现之前，人们对于脑与阅读关系的认识主要依赖于脑损伤病人的研究。早在19世纪，Broca、Wernicke、Lichtheim等人就通过对脑损伤病人的研究分别发现了布洛卡区和威尔尼克区以及连接这两个区域的弓状束在语言加工中的重要作用。而在词汇阅读方面，Dejerine在1891年和1892年的研究具有开创性和奠基性的作用。他在研究中区分了两种基本的失读症：伴失写症的失读症和不伴失写症的失读症。伴失写症的失读症患者既不能阅读，也不能书写，其损伤的位置在角回，因此他们认为角回可能与视觉字形的记忆有关。而不伴失写症的失读症患者的阅读功能受损，但书写功能完整，其损伤的部位主要发生在枕叶和胼胝体，而这两个位置的损伤被认为是切断了视觉皮层与角回的联系，从而导致字形识别的困难。

基于脑损伤研究的发现，Geshwind在1965年提出了早期的阅读神经模型。该模型认为，视觉信息通过视觉皮层识别以后，传导到角回区域，在这里进行字形的识别，然后通过角回与威尔尼克区的联系，将视觉信息转化为听觉信息，并经弓状束传导到布洛卡区，转化成言语运动信息，最后通过运动皮层表现出来。

尽管通过脑损伤研究可以在一定程度上确立脑与阅读之间的关系，但是，由于脑损伤研究的局限，人们对脑与阅读关系的认识始终比较有限。随着功能成像技术的发展，研究者开始尝试将认知模型与大脑功能联结起来。目前，已有大量研究探讨了与阅读相关的神经网络。这些区域主要包括负责视觉特征分析的双侧初级视觉皮层，负责视觉字形加工的左侧颞枕联合区，负责形音转换的左侧颞上回后部和缘上回，负责语音语义加工的左侧额下回，负责语音产生的双侧中央前回，负责言语运动及控制的小脑和一些皮下组织。

以上总结，除了验证了经典的语言区在阅读加工中的作用外，脑成像研究的另一个显著发现揭示了梭状回以及相邻的颞下回区域在阅读中的作用。这个区域在以前的脑损伤研究中很少报道，主要是因为这个区域具有很丰富的血管分布，不容易因为梗塞而损伤。因此，早期的阅读神经模型并没有包含这个区域。从解剖上来说，该区域在位置上不仅同视觉皮层联系紧密，同时也与海马和旁海马等记忆脑区相邻，其在字词加工中的作用引起了研究者的广泛兴趣。

（一）梭状回

阅读的初级阶段是抽象视觉字形的表征。现代研究发现，位于颞枕区域的左侧梭状回（VWFA）在抽象视觉字形加工中起着非常重要的作用。不过关于这个脑区的具体作用，研究者们还存在一定争议。目前主要有三种观点，一是认为左侧梭状回是特异化负责字形识别的区域；二是认为这个区域也负责阅读中其他成分的加工，如语音和语义加工；三是认为这个区域可能负责一般性的视觉加工。

现代的功能磁共振研究也发现了左侧梭状回在各种语言和各种阅读任务中的激活，肯定了这个脑区在阅读中的重要作用。但对于这个脑区的具体功能，不同研究有不同的观点。根据Cohen等人的观点，这个脑区是特异化的抽象视觉字形加工区，在封闭的模块中进行，不受其他因素的影响。然而，后来的研究者通过形、音、义分离的训练方法来研究VWFA是否受到语音、语义学习的影响，研究采用被试完全不认识的人工语言，结果发现，字形训练后，人工语言加工中VWFA激活降低，而语音、语义训练后其激活升高，这说明VWFA的激活程度受到语言经验（语音、语义）的调节。Price等人也提出了一系列反对的证据：（1）以往研究并没有报告纯失读症人只是左侧梭状回受损和只是视觉字形加工存在缺陷的案例；(2) 所谓的视觉字形加工区，在一般物体加工、颜色命名、图片命名、盲文加工、听觉加工等不涉及视觉字形加工任务中都有所激活。

关于这个脑区的具体作用，还有研究者提出它可能是负责一般的视觉加工。首先，Price和Devlin2004年的研究发现，在非文字的一般物体加工中，这个脑区也激活了。其次，Mei等人2010年的研究发现，汉字和面孔加工在这个区域激活没有差异。这和Woodhead等人2011年认为单词和面孔加工的差异来自空间频率差异的观点基本一致。另外，Barton等人2010年的研究发现，即使是一些与抽象字形无关的表面视觉信息（如文字的字体），也影响这个区域的激活水平。这些证据都证明了左侧梭状回可能不是Cohen等人提出的专门负责抽象字形的加工，其与一般的视觉加工也有关系。

综上所述，现在的研究已经一致认同了左侧梭状回在阅读中的重要作用，尤其是对快速自动化的阅读过程非常关键。但研究者们对于其具体功能还存在争议。这个区域位于高级视觉皮层（枕叶）与颞叶交界处，无疑是主要负责阅读加工中早期与视觉分析有关的过程，但是现代研究已经发现即使是更初级的视觉皮层，也会受到自上而下的调节，所以这个位于更高级视觉皮层、已经与颞叶交界的区域可能在阅读中起着不只是特异化抽象视觉加工的功能。以后可以进一步对这个区域的功能进行更深入的研究。

（二）颞顶皮层

颞顶皮层包括颞上回后部、缘上回、角回。有些分区方式将缘上回和角回一起称为顶下小叶。Dejerine在1891年和1892年把阅读障碍分成了两种：一种是纯失读症（阅读书面语言有障碍，阅读的其他方面不受影响，主要是颞枕区域或连接该区域的组织受损）；另一种是一般性阅读障碍，这种阅读障碍者伴有失写的症状，左侧颞顶皮层（角回）有损伤。Dejerine当时提出，这个区域负责视觉字形的记忆。现代的脑成像研究早已推翻了Dejerine对于颞顶区域功能的简单假设，但是颞顶皮层却一直是认知神经领域阅读研究关注的一个经典区域。

Price在2000年对语言、阅读加工神经机制的经典报告中把颞上回后部归为语音加工的区域，因为任务中语音加工过程涉及越多，这个区域的激活越强。例如，重复听词汇比阅读在这个区域的激活更强；阅读不熟悉词汇比熟悉词汇在这个区域的激活更强（熟悉词汇是自动通达到语义加工，而不熟悉词汇更依赖于语音加工过程）；并且Paulesu等人2000年的研究也发现形音转换更规则（更依赖于语音加工）的意大利语阅读比英语阅读在这个区域的激活更强。Price同时认为，背侧的缘上回和角回是负责语义加工的区域，因为他们发现有语义过程卷入的阅读任务比没有语义卷入的阅读任务在这个区域的激活更强，如阅读单词的激活大于阅读字符串，阅读真词的激活大于阅读假词，阅读物体和人物的激活大于阅读字母串。

与Price的研究结论基本一致的是，Vigneau等人2006年对129篇语言加工相关研究进行元分析后也发现颞上回负责语音加工，而角回负责语义加工。角回可能是多通道输入的语义概念整合区，也就是说，从各个通道表征的文字、物体和字符串可能在角回得到了意义的理解。

目前的研究已经基本认可了左脑外侧裂的颞顶皮层在阅读中的重要作用，但是对于颞顶皮层中各个子区域的具体功能没有详细的报道。Booth等人在2002年和2004年的研究中认为，缘上回是负责阅读中跨通道转换的区域。与此基本一致的是，大多数研究把颞顶皮层作为阅读中形音转换的区域。

在经典的双通路模型中，有直接的语音提取和间接的语音拼读通路。语音拼读通路被认为不涉及语义的加工。许多研究发现，假词比真词阅读更多地激活了缘上回。同时，颞顶联合区异常是发展性阅读障碍的一个典型特征，而发展性阅读障碍主要体现为语音加工（特别是形音转换能力）的障碍。所以，研究者们大多将颞枕皮层视作语音拼读通路中的区域。

Price在2000年、Vigneau等人在2006年均提出了角回是多通道信息整合的区域，这与后来的研究认为颞顶皮层负责阅读中的形音转换的观点基本一致。只是这两篇研究认为多种通道语义信息在角回加工，而另外许多文献认为这片区域负责语音通达过程，不涉及语义加工。这可能是由于颞顶皮层的子区域存在功能的差异。Catani等人在2002年和2005年的研究中已经发现角回与缘上回所在通路的分离，缘上回主要连接了语音加工的额下皮层后部，而角回则连接了语义加工区域。所以，虽然这两个区域非常贴近，被许多研究同时归为颞顶皮层，但是它们可能负责阅读中不同的认知加工过程。同时，值得注意的是，许多研究通过比较假词和真词阅读来分离语音和语义的过程，但是被试可能试图为假词寻找一个语义（例如，很多研究发现假词阅读比真词阅读更多地激活梭状回，这与研究者们对这个区域的功能设定预期的结果刚好相反），这就给阅读过程带来了更为复杂的因素，需要研究者们进一步思考。

综上所述，无论是对正常人还是对阅读障碍者的研究都说明颞顶皮层是阅读加工中的一个重要区域。大多数研究认为这片区域负责阅读中的语音拼读过程。研究者们基本认可了这片区域是多种通道信息整合的区域，对于颞上回后部、缘上回在阅读中负责语音过程也基本认可，但是对于角回是负责阅读中的形音转换还是语义通达，目前的研究结果并不一致。

（三）额下皮层

早在1861年，布洛卡报告了一例语音产出困难病人左侧前额叶受损的案例。这块后来被称为“布洛卡区”的区域于是与阅读中的语音产出联系起来。布洛卡区有一大部分位于左侧的额下回。现代认知神经科学研究早已发现额下回可能不仅仅简单地负责阅读中的语音产出，但是作为阅读研究中最常被报告的区域之一，额下回在阅读中的重要作用，却如同布洛卡最初所揭示的一样。

额下回分为三个子区域，分别为额下回眶部、三角部和盖部。虽然这三个子区域都在阅读任务中被激活，但是具体功能并不一致。Poldrack等人1999年通过比较一系列只有语音或者只有语义的任务，发现背侧的额下回盖部负责加工语音，而腹侧的眶部负责加工语义。

Vigneau等人2006年对各种阅读任务进行元分析后也发现背侧额下回（额下回盖部）在执行语音任务和语义任务时，语义任务的激活更强，这与以往很多研究结果相符合。例如，Poldrack等人1999年的研究发现，数词汇中的字母个数任务比抽象分类任务的激活更强；Warburton等人1996年的研究发现，假词重复比词汇产出任务的激活更强；Paulesu等人2000年的研究发现，假词阅读比真词阅读的激活更强；Jessen等人1999年的研究发现，字母串阅读比词汇阅读的激活更强；Zatorre等人1996年的研究发现，语音辨别比词汇听觉的激活更强。背侧额下回在语音加工中可能不是负责口腔运动，而是负责需要被试记住字母或数字排列的外显工作记忆，因此Vigneau等人把这个区域归为语音工作记忆环路上的区域。Bookheimer 2002年的研究以及Wagner等人2001年的研究发现，背侧额下回盖部也负责语义加工。Vigneau等人认为可能不是额下回盖部，而是中央前回和额下回盖部交界处负责语义加工。

Poldrack等人1999年提出的腹侧额下回（额下回眶部）负责阅读中的语义加工也与许多研究结果一致。例如，Demb等人1995年发现这个区域参与了语义信息提取任务，Ronnberg等人2004年在口头和书面语言的语义提取任务中都发现了这个区域的参与。这也可以解释腹侧额下回在分类任务、词汇连接任务和词汇产生任务中的激活。

后来的研究者用双通路模型的思想，进一步把额下回背侧和腹侧子区域的功能分离解释为各自属于阅读的不同通路。背侧的额下回盖部（与颞顶区域）属于间接的语音拼读通路，而腹侧的额下回眶部（与颞下皮层，颞极）属于直接的语音提取通路。

值得注意的是，虽然额下回被广泛发现在阅读任务中激活，有些研究者认为额下回（尤其是额下回的三角部和盖部，也就是经典的布洛卡区）可能不是语言加工专门化的区域。因为这个区域损伤的病人，有些出现了手势识别障碍。有意思的是，一些研究发现，猴子大脑有对应布洛卡区的脑区，而这个脑区负责与运动相关的任务。另外，一些非语言的任务，如算术和计算、音乐以及与运动相关的任务中也发现了这个区域的激活。所以，有研究者认为这个区域是理解运动含义的区域。现在越来越多的研究者都已经相信，大脑的各个区域应该都不仅仅负责单个的认知加工过程，许多高级的认知加工可能都会共享一些基本的神经机制。

二、阅读加工重要脑区的功能连接

阅读，或者说是任何一个心理认知过程，都不仅仅依赖于各个脑区单独的功能，而是需要多个脑区的协同活动来实现。对于多个脑区协同活动情况的探讨，传统的功能定位方法已经不能满足，将脑连接分为脑的功能连接（不带方向性，Functional Connectivity）和脑的有效连接（带方向性，Effective Connectivity），为研究者们研究各个脑区单独的功能提供了技术支持。

目前，研究者们主要通过计算脑区之间活动的相关性来作为脑区间功能连接的指标。这种方法先选定感兴趣区域（Region of Interest，简称ROI）作为种子点，然后提取种子点时间序列，接着计算该种子点和其他体素的时间序列的相关系数，最后经过校正后得到种子点和脑区的相关系数作为它们的协同活动指标。除了这种方法以外，独立成分分析（Independent Component Analysis，简称ICA）、主成分分析（Principle Component Analysis，简称PCA）等方法也是常见的全脑功能连接的方法。与功能连接不同的是，有效连接探讨的是一个脑区对另一个脑区的影响。有效连接的方法包括结构方程模型、心理生理交互模型、动态因果模型等。上面综述了阅读加工过程所涉及的一些重要脑区，接下来将综述这些脑区的功能连接情况。

以往研究已经发现了各种阅读任务中的阅读神经网络的功能连接，如Hampson等人2006年发现阅读词汇过程中颞顶区域（角回，BA39）与额下回（布洛卡区，BA44、45）的功能连接，Seghier等人2010年发现大声阅读过程中视觉分析区（颞枕区域）与语音产出区域（中央前回）的功能连接。也有研究者采用别的方法考察阅读神经网络的功能连接，如Wu等人2009年通过独立成分分析的方法发现语义加工过程中额叶、颞中回和颞顶区域的功能连接；Mechelli等人2002年通过结构方程模型的方法揭示真词阅读中（通达到语义）梭状回、颞下回和额下回的功能连接，假词阅读中（不通达到语义）梭状回、颞上回和额下回的功能连接。

除了阅读过程中的功能连接，研究者们还关注静息状态下阅读网络的功能连接。Hampson等人2002年第一次揭示了阅读的两个经典脑区——布洛卡区和威尔尼克区的静息功能连接。后来的研究延伸到更多阅读相关区域的静息功能连接。如，Xiang等人2010年的研究发现布洛卡区的三个子区域与额中回、颞叶皮层、顶叶皮层的静息功能连接，Koyama等人在2010年以及Turken和Dronkers在2011年发现左侧颞枕区的梭状回与左侧额下回的静息功能连接以及左侧颞上回与额下回的静息功能连接，Vogel等人2012年还在一批包含了多国人群的大样本被试中发现了阅读网络脑区间（布洛卡区和威尔尼克区）的静息功能连接。同时，研究者们发现，静息功能连接不仅发生在阅读网络中的脑区，阅读网络（左侧梭状回）与注意网络（如顶下沟）也存在静息功能连接。

无疑，功能连接分析方法为人们探讨大脑的神经机制提供了新的思路，而已经发现的阅读相关脑区在任务状态下的功能连接证实了阅读是需要大脑的协同活动来完成的。同时，研究者们发现的静息状态下的阅读网络中各个脑区的功能连接，说明大脑不仅在阅读中是协同活动的，即使在没有任何任务的时候，也是按照一定的模式活动的。

三、阅读加工的白质通路

阅读的完成需要弥散的大脑皮层，而这些弥散的皮层需要依靠白质的连接才能协同作用。前面已经综述了以往大量的脑功能磁共振研究所定义的阅读功能神经网络。接下来将综述扩散张量成像（Diffusion Tensor Imaging，简称DTI）研究所得到的阅读白质通路。DTI是一种无创的白质研究手段，目前研究者利用DTI中的纤维追踪技术，已经找到了连接语言重要脑区的多条白质纤维，包括连接枕叶和颞叶的下纵束（Inferior Longitudinal Fasciculus，简称ILF）、连接枕叶和额叶的下额枕束（Inferior Fronto-Occipital Fasciculus，简称IFOF）、连接颞叶和额叶的上纵束（Superior Longitudinal Fasciculus，简称SLF）等。在阅读白质通路的研究中，最有名的是阅读背侧和腹侧通路，Dick在2012年对其进行了综述。

阅读背侧通路主要包括弓状束（Arcuate Fasciculus，简称AF）。对于这条通路的研究可以追溯到19世纪末Dejerine在实验中首次提出AF是连接布洛卡区和威尔尼克区的白质纤维。此后，这两个区域之间的白质连接渐渐成为语言白质机制研究中最为著名的对象。现在的研究者认为，SLF是连接颞上和额下皮层的白质纤维，而AF只是SLF上的一段纤维。历史上，SLF被看作单一不可分割的一条纤维，把额下回通过顶下小叶与颞上回连接起来。在Geschwind 1970年提出的"布洛卡区-威尔尼克区"模型中，额下回是言语运动区，而颞上回后部是言语接收区，SLF连接了言语感知和产出。与此一致，现在的阅读模型也提出SLF是连接言语知觉和产出的感知运动区域的脑区。

与阅读背侧通路对应的，还有位于腹侧的通路，包括钩束（Uncinate Fasciculus，简称UF）、外囊（Extreme Capsule，简称EC）、ILF等纤维，这条通路被认为与阅读中语义加工有关。钩束是连接颞叶前部和额下叶的一段相对较短的通路。Wernicke早在1908年就认为钩束是两条最重要的语言通路之一。直到后来，钩束才作为阅读的腹侧通路得到研究者们的重视。现代很多纤维追踪研究都发现了这条通路的存在。Holland和Lambon Ralph在2010年的研究已经发现颞叶前部（特别是颞极）与语义加工的关系。Agosta等人2010年的研究以及Lu等人2002年的研究发现，语义痴呆的人钩束的各向异性较低，同时发现钩束移除的被试比控制组有更差的语义加工。

近年来，研究者们发现，腹侧通路除了UF以外，还可能有多条通路，如EC通路、ILF通路等。Hagoort等人2004年和2005年的研究还提出连接颞上回前部和额下回前部，与EC平行的腹侧通路在语言理解的语义信息加工中起着重要的作用。

值得注意的是，与双通道思想一致，现在研究大多数认为白质背侧通路在阅读语音加工中起着重要作用，而腹侧通路负责语义加工。然而，对于这两条白质通路的起止点以及具体的功能，目前的研究并没有一致的结论，这需要先进技术的支持和进一步的研究来探讨。

第五节　阅读的神经双通路机制

阅读加工至少可以经由两条通路来完成。那么阅读的两条通路在神经上分别对应哪些脑区呢？近年来，研究者们采用正电子放射断层扫描、功能磁共振成像等脑成像技术对此问题进行了探讨。尽管在通常情况下，词汇会引起两条阅读通路的共同激活，但是不同的词汇在不同的任务条件下激活两条通路的程度不同。因此，为了考察词汇阅读的神经双通路机制，以往研究主要进行了如下几种比较：（1）真词和假词阅读；（2）发音不规则词汇和发音规则词汇阅读；（3）Kanji（日语中汉字）和Kana（日语中假名）阅读；（4）汉字与拼音阅读；（5）词汇语义判断和语音判断。下面，首先分别介绍以上五个方面的研究发现，然后在此基础上综合介绍阅读的神经双通路机制。

一、真词和假词阅读比较

真词和假词阅读的比较是考察阅读神经双通路的一种最为常见的范式。一般认为，真词的词汇信息存储在心理词典中，因此会更多地征用语音提取通路，而假词是个体之前没有见过的，因而只能采用形音对应规则进行语音拼读而获取读音。基于此逻辑，大量研究者比较了真词和假词阅读的激活差异。如Fiebach等人2002年采用事件相关fMRI设计，比较了高频词、低频词和假词在词汇判断任务中的激活程度，结果发现低频词和假词比真词在左侧额下回的鳃盖部、脑岛前部和一些皮下组织（丘脑和尾状核）的激活更强。他们认为这些脑区可能参与形音转换的加工。与假词相比，真词在负责视觉字形加工的脑区（双侧颞枕区域和左侧颞中回后部区域）的激活更强。这一结果支持了阅读的双通路模型。

Mechelli等人2003年也比较了默声阅读真词和假词的激活差异。在实验中，他们采用三种呈现时间，分别为200 ms、600 ms和1000 ms。结果发现，在所有呈现时间下，假词阅读比真词阅读在左侧额下回鳃盖部、颞枕区域和右侧小脑的激活更强。而在相反的对比中，真词阅读比假词阅读在右侧的额上回、缘上回、中央后回和左侧的枕中回区域的激活更强。然而，这些区域的激活是由于假词阅读条件下更强地去激活引起的。

在假词与真词阅读的比较中，一个比较一致的发现是阅读假词时比阅读真词时在左侧额下回背侧区域和颞枕区域的激活更强。然而，真词和假词阅读在颞顶区域的激活是否存在差异，以往研究还没有得出一致的结论。Price等人1996年的研究以及Xu等人2001年的研究发现，假词阅读比真词阅读在左侧颞顶区域的激活更强，而Mechelli等人2005年和2003年的研究以及Nosarti等人2010年的研究并没有发现这种差异。在发现差异的这些研究中，颞顶区域的具体位置也存在很大的差异。一些研究发现语音提取依赖于颞上回后部，而另外一些研究却发现了缘上回、角回甚至是后部的顶下区域。

相反，只有少量研究报道了真词比假词在一些区域（包括左侧额下回三角区和眶部、梭状回前部和双侧颞中回）的激活更强。Price 2000年的综述研究提出，这些区域可能参与词汇的语义加工。因此，这些区域可能是语音提取通路中的重要组成部分。

尽管真词与假词阅读的比较似乎为阅读的神经双通路模型提供了

一些证据，但是采用真词与假词阅读的对比却很难清晰地揭示语音提取和语音拼读的神经机制。这主要是因为：（1）从刺激的熟悉性上来说，被试对于假词的熟悉性明显低于真词，因而假词比真词在左侧前额叶和颞枕区域的更强激活可能仅仅反映了假词阅读比真词更难。（2）前人研究发现，词汇阅读会引起两条阅读通路的共同激活。由于自然语言的高度熟悉性，真词与假词都可能激活语音提取通路。正因为如此，很多研究发现，假词阅读比真词阅读在一些负责语义加工的区域激活更强，这可能反映了假词阅读也会自动在心理词典中搜索确认其是否为假词或尝试为假词赋予一个语义。从这个意义上来说，真词和假词在阅读通路征用上的差异量可能还不足以揭示两条阅读通路在神经上的差异，因此，阅读的神经双通路机制还需要进一步研究的支持。

二、发音不规则词汇和发音规则词汇阅读比较

在真词内部，发音不规则词汇和发音规则词汇也可能使用不同的阅读通路。发音规则词汇是指发音符合正字法规则的单词（如“red”），而发音不规则词汇是指发音不符合正字法规则的单词（如“pint”）。一般认为，发音规则词汇可以根据形音对应规则进行语音拼读，因而其阅读可能更加依赖于语音拼读通路，而发音不规则词汇的阅读无法利用形音对应规则，因而更加依赖于语音提取通路。

一些研究比较了发音规则词汇和发音不规则词汇阅读的神经机制的差异。Fiez 等人 1999 年采用正电子穿透（Positron Emission Tomograph，简称PET）技术记录了被试在命名真词和假词时的激活情况。真词材料包括不同频率的发音规则的单词和发音不规则的单词。通过发音规则与发音不规则单词的比较发现，左侧额下回区域和双侧

中央前回表现出显著的规则性效应。具体来说，在左侧额下回区域，发音不规则的单词比发音规则的单词激活更强，而在双侧中央前回区域，则表现出相反的激活情况。

与此类似，Mechelli等人2005年采用fMRI技术比较了被试在默声阅读发音不规则单词、发音规则单词和假词的激活差异。在实验中，他们严格匹配了各种材料之间的词长、双连词和三连词的频率等干扰因素。结果发现，发音不规则单词在左侧额下回眶部和梭状回前部激活更强，假词在左侧运动皮质和梭状回后部激活更强，而发音规则单词没有在任何区域表现出激活增强的趋势。Nosarti等人2010年采用相同的范式进一步考察了意大利母语者和英语母语者的规则性效应，与Mechelli等人的发现一致，两种母语背景的被试在命名发音不规则单词时都比命名发音规则单词时在左侧额下回眶部激活更强。这些结果说明额下回的背侧和腹侧区域可能分别参与语音拼读和语音提取的加工，支持了阅读的双通路机制。这与之前很多研究中报道的左侧额下回背侧区域和腹侧区域分别参与语音和语义加工的发现是一致的。

三、Kanji和Kana阅读比较

有些语言包含两种或多种文字形式。如日语包含Kanji和Kana，其中Kanji是日文的图形文字形式，而Kana是日文的拼音文字形式。Kanji由于没有明显的形音对应规则，所以可能更依赖于通过语音提取通路获取语音，而Kana则恰恰相反，其具有明确的形音对应规则，因而其阅读可能更依赖于语音拼读通路。

同一种语言的不同文字形式为检验双通路模型提供了一个便利的机会。Sakurai等人2000年的一项PET研究比较了被试命名Kanji和Kana时大脑活动的差异。他们发现，Kanji和Kana阅读在征用词汇语义网络和语音网络上存在差异。与Kana相比，命名Kanji在梭状回的激活更强，这可能反映了Kanji需要更多的词汇语义加工。而Kana比Kanji在颞顶区域和枕叶皮层的激活更强，说明Kana的阅读需要更多的语音拼读加工。

Thuy等人2004年比较了Kanji和Kana在内隐（大小判断）和外显（词汇判断）的阅读任务中的激活差异。总体来说，Kanji和Kana激活了类似的神经网络，但是Kanji和Kana的直接对比表明两者在一些区域的激活存在差异。在两种任务条件下，Kanji都比Kana在双侧梭状回（主要是左侧）的激活更强；在大小判断任务中，Kana比Kanji在左侧缘上回的激活更强；而在词汇判断任务中，Kana比Kanji在布洛卡区和颞中回、颞上回的激活更强。这说明尽管任务能够在一定程度上调节神经网络的使用，但是在两种任务条件下，Kana和Kanji阅读对腹侧和背侧的阅读通路的依赖程度存在差异。

采用阈下启动的实验范式，Nakamura等人2005年也发现了Kana和Kanji加工分别依赖于背侧和腹侧的阅读通路。在研究中，他们比较了目标词为Kanji和目标词为Kana的激活差异。结果发现，Kanji在双侧梭状回区域的激活更强，而Kana在左侧缘上回区域的激活更强。与此一致，Soma等人1989年关于脑损伤的研究也发现了颞枕区域的损伤可以导致Kanji阅读的选择性损伤。尽管如此，Koyama等人1998年以及Valaki等人2003年的脑磁图（Magnetoencephalography，简称MEG）研究并没有发现这两种文字形式的加工存在差异。当然，这些研究之间的结果不太一致的原因并不清楚。一种解释是由于各个研究之间的实验材料及任务存在较大差异，从而造成了结果的不一致。

四、汉字和拼音阅读比较

由于日语中的Kana主要为功能性单词，所以Kana与Kanji的对比结果可能并不具有可推广性。从这个意义上来说，汉语中汉字与拼音的比较更具有说服力。汉字为汉语的图形文字形式，是一种表义文字。汉字是由多个笔画组合成的。尽管85%的汉字为形声字（由声旁和形旁组成），但是只有28%的形声字能够为整字提供正确的语音线索，而且提示发生在音节水平，而不是音位水平。因此，一般认为汉字阅读更加依赖于语音提取通路。汉语拼音是汉语的拼音文字形式，具有明确的形音对应规则，因而其语音通达可能更加依赖于语音拼读通路。

为了探讨以上问题，Chen等人2002年采用区组fMRI设计考察了中国被试阅读汉字和拼音时的大脑活动差异。他们发现，从总体上来说，汉字与拼音激活了非常相似的神经网络，包括额下回、颞中和颞下回、顶上和顶下小叶以及颞枕区域。然而，汉字与拼音的直接对比也发现了一些文字形式特异性的激活。具体来说，拼音在双侧顶下皮质、前楔叶和颞中回前部区域的激活更强，而汉字在左侧梭状回、双侧楔叶、颞中回后部和额上回以及右侧额下回的激活更强。与此一致，后来Fu等人2002年的研究也发现了类似的差异。这些结果可能反映了汉字阅读主要依赖于语音提取通路，而拼音阅读更多依赖于语音拼读通路。然而，汉字与拼音除了在正字法规则上存在差异之外，它们在其他很多方面也存在不同。这些额外的差异给结果的解释带来了很大的困难，即汉字与拼音的激活差异是反映了它们在阅读通路使用上的差异，还是反映了它们在视觉特征和熟悉性上的差异并不清楚。

五、词汇语义判断和语音判断比较

词汇语义判断和语音判断任务之间的比较也可以间接地检验阅读的双通路机制。一般来说，词汇语义判断任务可能会更多地征用词汇通路，而语音判断任务可能会更多地征用语音拼读通路。与此一致，Rumsey 1997年通过比较语音判断任务和字形判断任务的激活差异，发现语音判断任务在左侧额下回的激活强于字形判断任务。这可能反映了语音判断任务具有更强的语音加工需求。与此类似，Kuo等人2004年比较了汉字的字形判断和语音判断任务引发的大脑活动的差异，结果发现，字形判断在左侧颞枕区域的激活更强，而语音判断任务在左侧前运动区和颞顶区域的激活更强。

语义任务与语音任务的比较也发现了两种任务在激活模式上的分离。Devlin等人2003年直接比较了语义任务和语音任务的激活差异，结果发现，语义任务在左侧额下回前部区域的激活更强，语音任务在左侧额下回后部区域的激活更强。这一发现得到了其他一些类似研究的支持。Poldrack等人1999年进一步综述了前人的研究，发现左侧额下回的背侧后部区域（BA6，44）主要负责语义加工，而左侧额下回的腹侧前部区域（BA45，47）主要负责语音加工。除了左侧额下回以外，Burton等人2003年的研究以及McDermott等人2003年的研究还发现左侧梭状回和颞中回更多参与语义加工，而双侧顶下皮质更多参与语音加工。这说明，词汇语义判断和语音判断任务之间的比较可以在一定程度上揭示阅读的双通路机制。然而，不同任务之间的比较还是存在很多方面的缺陷（如控制不严格、任务难度存在差异等），所以不同任务之间的差异在多大程度上真正反映了阅读通路的差异还有待进一步研究。

六、阅读的神经双通路机制

基于以上各个方面研究的发现，Jobard等人在2003年采用元分析的手段，对有关阅读的35个脑成像研究进行了综合分析，在此基础上提出了阅读的神经双通路模型。该模型认为，阅读加工首先经过初级视觉皮层进行视觉分析，然后到达左侧颞枕区域进行词汇识别。在这个阶段，词汇仍然没有被理解。在词汇识别之后，阅读将经由两条通路进行加工。第一条通路对应认知模型中的语音拼读通路，即按照形音对应规则进行语音拼读而获取语音。这条通路主要由颞上回、缘上回和前额叶鳃部负责，后两个区域的激活可能表明语音拼读需要更高的记忆载荷。第二条通路对应认知模型中的语音提取通路，主要由颞下回、颞中回后部和额下回的三角区域负责，这些区域在语义加工中扮演重要的角色。

与其他区域相对比较一致的看法不同，关于颞枕区域尤其是梭状回在阅读通路中的作用存在比较大的争议。Coltheart等人1993年提出的认知模型认为视觉词汇识别系统只是直接通路的一个部分，而Warrington和Shallice 1980年提出的模型认为该系统是两条阅读通路所共有的。Jobard等人元分析的结果似乎支持了后一种观点。他们发现真词和假词在颞枕区域的激活并没有显著差异，这说明真词和假词具有共同的视觉识别机制。当然，这并不是唯一的解释。假词在颞枕区域的激活也可能是因为被试需要通过搜索视觉词典输入来确认它是假词，或者被试试图给假词寻找一个意义。还有一种可能是真词和假词在双连词和三连词等成分上具有一致性，如果词汇视觉存储不仅包括整字的存储，还同时包括字母组合的存储，则这个区域也同样会在假词加工中激活。需要注意的是，元分析的结果只是提供了一种可能和假设，还需要在同一个实验中对这些假设进行直接的证明。

已有研究提出的关于语音提取和语音拼读神经机制的不一致性，可能存在多方面的原因。首先，以往研究中经常使用的英文并不是一种浅正字法的文字系统，其形音对应规则比较模糊。使用英文为材料，可能很大程度上导致两条阅读通路的共同激活，因而可能会减弱实验效应。其次，词汇的语音通达通路可能随着熟练程度的提高而发生变化。在熟练程度较低时，阅读可能主要依赖于语音拼读通路，而随着熟练程度的提高，阅读可能逐渐更加依赖于语音提取通路。因此，个体究竟使用哪条通路进行阅读并不清楚。再次，自然语言的阅读可能诱发两条通路的共同激活。可能正是由于这些因素的影响，所以使用自然语言为材料很难揭示两条通路的差异。最后，使用自然语言材料也经常混杂其他因素的影响。如前人研究中经常使用的假词与真词的对比可能混杂任务难度的影响，拼音文字与图形文字的对比可能混杂视觉特征的影响。这些差异给结果的解释也带来了较大的困难。

与自然语言材料相比，人工语言材料在实验控制上具有较大的优势。因此，采用严格控制的人工语言训练的范式可能有助于揭示语音提取和语音拼读的神经机制。到目前为止，较少有研究采用人工语言训练的范式对此问题进行探讨。Bitan等人2005年训练被试学习一种类似于摩尔斯电码形式的全新的人工语言。每两个电码组合对应一个英文字母，每六个电码组合对应一个三字母的英文单词。电码与字母的对应方式有两种：一种是类似于拼音文字的对应方式，即每两个电码固定对应于一个英文字母；另一种对应方式类似于图形文字，即六个电码的整体组合对应一个三字母的英文单词。经过5天的训练之后，被试接受fMRI扫描。结果发现，拼音文字训练条件比图形文字训练条件在左侧额下回后部区域激活更强，但是这种差异只出现在未经过训练的材料上。基于这一发现，作者认为左侧额下回后部区域可能负责语音转换。然而，Bitan等人的研究在实验设计方面存在一些缺陷。首先，他们在研究中采用的是被试内设计，这可能会造成两种训练条件之间的相互干扰。其次，实验中使用的形音匹配任务可能降低了形音转换的要求，从而减弱训练方法效应。最后，数量不多的人工材料经过重复呈现也可能会减弱训练方法效应。

以往研究大多通过比较真词与非词、规则词与不规则词以及图形文字与拼音文字的大脑活动来揭示阅读的神经双通路机制，前面已经提到，这些材料之间的比较可能存在很多问题。

首先，自然语言材料之间的比较经常混淆视觉复杂性、材料熟悉性等其他因素的影响。如汉字与英文单词在视觉复杂性和视觉构造上存在显著差异，真词与非词在材料熟悉性上存在差异。在这种情况下，不同材料之间的差异是反映了阅读通路的差异还是其他因素的影响并不清楚。采用经过严格设计的人工语言材料可以很好地解决这一问题。

其次，由于自然语言的高度熟悉性，自然语言材料的阅读经常引起两条阅读通路的共同激活，并且随着熟练程度的提高，阅读的通路可能发生改变。因此，并不清楚在阅读时被试究竟使用了哪条通路。即使能够知道被试在加工某种特定材料时主要使用的阅读通路，两条通路的共同激活也会在一定程度上减弱观察到的效应。人工语言训练范式是解决这一问题的一种可能途径。具体来说，可以训练两组严格匹配的被试分别按照拼音文字和图形文字的方式学习形音联系。在训练后，通过直接对比拼音文字训练组的新词（依赖于语音拼读）与图形文字训练组学过的词（依赖于语音提取）引起的大脑激活，能够更加清晰地揭示两条阅读通路的神经机制。当然，两种材料之间的行为成绩需要匹配，以排除任务难度的影响。

最后，自然语言是一个形、音、义不可分割的整体，在阅读时，音、义信息会自动激活。因此，使用自然语言材料很难剥离语音、语义对词汇识别的影响。采用人工语言训练，可以分离语音、语义的影响，单独考察语音通达或语义通达的机制。如为了考察字形熟悉性、语音和语义因素对梭状回活动的影响，Xue等人2006年采用分阶段的人工语言训练范式，训练被试学习人工语言的字形、语音和语义。每个阶段的学习持续两周。字形训练后，双侧梭状回的激活显著降低，而在语音训练后，这些区域的激活又显著上升，说明视觉熟悉性和语音都会显著调节梭状回的活动。这个研究表明，功能磁共振成像结合人工语言训练的范式是探讨语言加工神经机制的一种非常有效的方式。

基于人工语言的优势，Mei等人2014年通过训练被试学习经过严格设计的人工语言，尝试揭示语音提取和语音拼读的神经机制。该研究训练43名英语母语者学习一门人工语言，人工语言的构造包含字形和语音。字形和语音材料都选自韩语。原因在于，从正字法上来说，韩文具有明确的形音对应规则，属于拼音文字范畴；而从视觉特征上来说，韩文与汉字（图形文字）具有相似的构造。因此，韩文的优势使其既能够被训练成拼音文字，又可以被训练成图形文字。训练包括两种条件：拼音文字训练和图形文字训练。在拼音文字训练条件下，被试首先学习所有字母的读音，然后利用形音对应规则拼读而获得读音。在图形文字训练条件下，字形与语音的原始配对被随机打乱，因而被试只能通过死记硬背整字与读音的联系来习得词汇的语音（如图4.1A所示）。所有被试接受为期8天的语音学习，每天约学习一个小时。

数据分析为在命名任务和知觉判断任务中（如图4.1B和4.1C所示），比较拼音文字训练条件下和图形文字训练条件下人工语言的大脑活动水平。即拼音文字训练条件下单词激活更强的区域代表语音拼读的神经机制，图形文字训练条件下单词激活更强的区域代表语音提取的神经机制。结果发现，在命名任务中，拼音文字训练条件下的单词在左侧缘上回的激活更强，图形文字训练条件下的单词在右侧眶额皮层、颞中回、前扣带皮层、后扣带皮层和右侧角回的激活更强（如图 4.2A 所示）。在知觉判断任务中，同命名任务一致的是，与图形文字训练条件下的单词相比，拼音文字训练条件下的单词在左侧缘上回的激活更强；但没发现图形文字训练条件下的单词激活更强的区域（如图 4.2B 所示），原因可能在于相对于命名任务，知觉判断任务对于语音通达的需求较低。

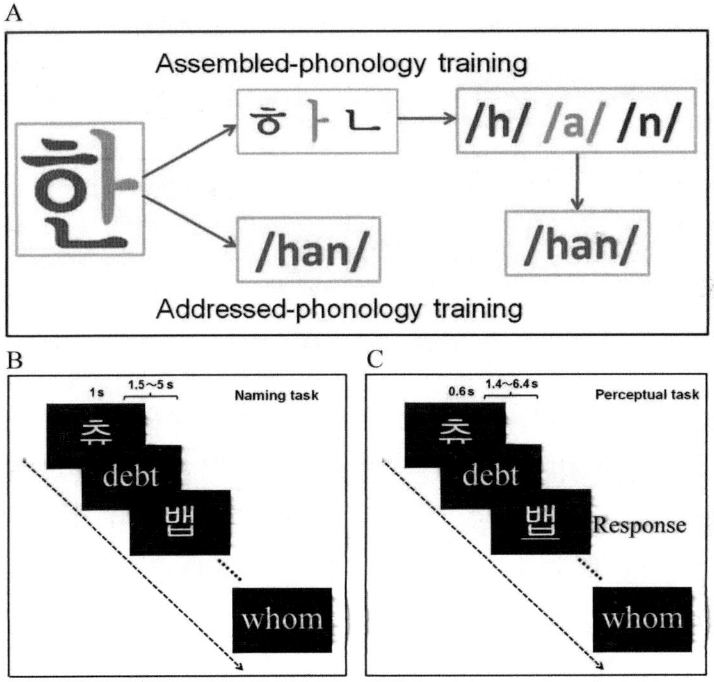

图 4.1　实验设计和材料举例

除此之外，在命名任务和知觉判断任务中，该研究还比较了英语真词和英语假词的大脑激活差异。结果发现，英语假词在左侧中央前回、额下回、梭状回和双侧枕下回的激活更强；而通过对比发现，在命名任务中，英语单词在前扣带皮层、后扣带皮层、右侧眶额皮层、双侧额中回、角回和颞中回的激活更强，在知觉判断任务中，没发现英语单词激活更强的区域（如图4.2C和图4.2D所示）。对感兴趣区域的分析发现，相对于图形文字训练方法下的单词，拼音文字训练条件下的单词在左侧中央前回和额下回的激活更强，而两种训练条件下英语单词的激活情况没有差异（如图4.2E所示），表示左侧中央前回及额下回和语音拼读有关；对于左侧梭状回区域，训练单词和英语单词在两种训练条件下的激活情况均没有差异，表示左侧梭状回参与语音提取和语音拼读（如图4.2F所示）。

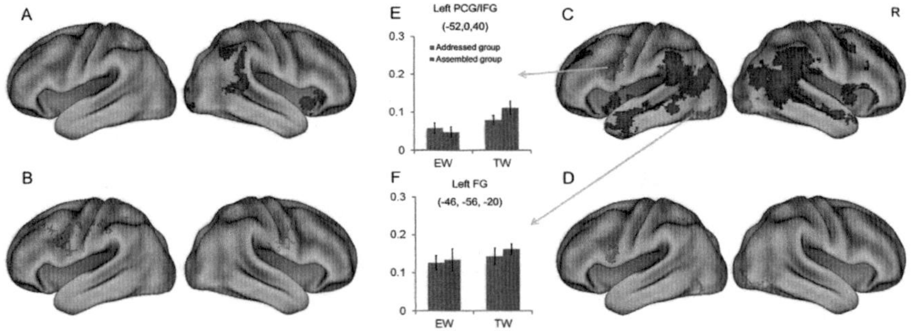

图4.2　语音提取和语音拼读的神经双通路

上述研究采用严格控制的人工语言训练范式和fMRI技术，通过比较两种训练条件下的人工语言单词的激活，揭示了语音拼读和语音提取的神经机制，为阅读的双通路机制提供了理论支持。

第五章　语言障碍

第一节　语言障碍的分类

进化人类学家的研究表明，语言能力的获得是人类进化史上具有重大意义的事件，自从有了语言，人脑其他高级功能如思维、记忆、情绪、注意等才获得了飞跃式的发展。提出语言与基因遗传关系的是Hurst在1990年发表的有关英国一个患有言语失用症的大家族（KE家族）的报告。

随着数量遗传学分析技术的出现，对语言特异性成分的基因相关研究成为可能。这种技术同时还可以分析各种语言成分的差异在多大程度上是由于基因导致的，在多大程度上是由于环境或其他原因导致的。

一、发展性失读症

发展性失读症指的是在阅读和拼写过程中表现出来的障碍。这些患者一般智商正常，感知觉正常，神经和心理发育也正常，但存在语音障碍问题，如语音意识贫乏、语音精细调控能力差、言语短时记忆差、词汇提取较慢等。有学者认为这些患者可能在语音音流的时间精细分辨度和空间精细分辨度上存在缺陷，从而造成语音表征不精确；也有学者认为这些患者有可能在语音表征通达上如短时记忆提取方面存在障碍。学者一般认为，发展性失读症有助于解释语言中基因的作用，特别是解释语音引起的发展性失读症。但目前学者对语音障碍及其认知神经机制仍然不清楚。

Galaburda等人2006年发现发展性失读症患者左外侧裂异常。后来的fMRI研究也证实了这一点，发现这部分脑区灰质密度、白质连接各向异性以及该区大脑活动都存在异常。以往研究认为，发展性失读症的原因可能是某些基因变异干扰了正常的神经生长迁移扩散，从而使相关脑区的皮层发育错乱，造成这些脑区发育异位或沟回异常。如与失读症相关的DYX1C1、DCDC2、KIAA0319等基因变异导致左外侧裂皮层神经元分布错乱，而该区又与言语加工和阅读有关，在脑功能成像研究中表现为灰质密度减少、白质各向异性不丰富等现象。这些异常造成了语音加工能力发展滞后，这对口语习得影响不大，但对书面阅读却造成了很大影响，因为书面阅读需要调用这些语音加工能力，所以引起了失读症障碍。

二、特定性语言障碍

特定性语言障碍（Specific Language Impairment，简称SLI）指的是脑高级功能中语言习得功能发生问题，其他功能均正常的一种发展发育障碍。它与心智发育迟缓、孤独症、大脑损伤、癫痫、失聪没有必然联系。

患有SLI的儿童，其言语表现也不尽相同，但都具有典型的言语发展迟缓、词汇量不多、理解和表达能力不强等共同特征。关于SLI儿童的语言障碍原因，Tallal和Gaab认为是由于知觉如听觉障碍造成的，而Leonard则认为是由于更一般的认知障碍造成的。

通过fMRI等手段的研究，De Fossé等人发现，SLI儿童的语言区存在异常，如外侧裂左右不对称，左侧的额下沟和颞平面通常比右边的大。Herbert等人研究发现，某些SLI儿童的左侧额下回有额外增加的脑沟。SLI儿童大脑体积一般较大，白质较多，但灰质和尾状核体积较小。

有关基因与SLI的研究虽有一些成果，但不如发展性失读症那样丰富。Plante 1991年的研究提出，外侧裂的非典型不对称在下一代中不止一个孩子身上发现。Bishop等人2006年曾报道说，在双生子的SLI中，句法和词法的学习有共同的基因基础，而语音短时记忆却没有。在基因组水平上，目前已经发现了3个染色体上的基因可能与SLI有关，它们分别位于第13、16、19对染色体上。

三、言语发音障碍

言语发音障碍（Speech Sound Disorder，简称SSD）儿童言语发声不准，口齿不清，且难以运用语言规则来合成词汇。SSD在3岁儿童中一般有15%的发生率，在6岁儿童中一般有3.8%的发生率。目前对言语发音障碍的研究较少，文献不多，对其明确的分类还不明晰。Stein等人的研究表明，SSD儿童一般患有失读症障碍，因此，学前儿童若患有SSD，将来极有可能患有失读症。Stein等人2006年的研究发现，与SSD相关的基因可能位于第3、6、15对染色体上，对之进行研究，将有助于揭示基因对言语发声的影响。

四、发展性言语失用症

发展性言语失用症（Developmental Verbal Dyspraxia，简称DVD）是一种神经性的语言障碍，是言语发音障碍中的一种。该患者在发音上存在障碍，其舌头、嘴唇、上下颚、齿龈等发音器官不能协调。

Fisher等人1998年和2002年进行的对其中由一个单一基因引起的DVD亚类型的研究最为引人注目，他们得到了相当充分的证据表明该类型DVD是由基因突变引起的。这就是著名的KE家族。

Lai等人2001年通过染色体组型分析首先在一个患有言语障碍的三代家族——KE家族中确定了基因位点SPCH1，然后在KE家族之外的另一个障碍个体的SPCH1上找到了易位的片段，并将其定名为FOXP2基因。后来MacDermot等人2003年的研究通过关联分析发现，FOXP2的多态性与儿童言语运动障碍的发展有关，证实了FOXP2在词汇和语言形成中的作用。具体来讲，FOXP2基因片段中的一个核苷酸发生突变，从而导致其编码的蛋白质发生变异，最终导致患者言语和语言功能受损。很多学者试图确认该家族语言障碍成员确切的遗传根源，以及遗传根源是如何导致他们言语和语言出现问题的，以图探究言语和语言表型与基因型的关系。

造成KE家族语言障碍的FOXP2基因在人类正常进化中的变异改变了相关蛋白质的形态，它通过一组编码控制生成一类特异蛋白质，然后这组蛋白质根据自己结构的特异性来控制靶标基因，再进而控制相关蛋白质的合成。正是由于FOXP2基因变异赋予了人类更高水平的控制嘴和喉咙肌肉的协调能力，从而使人类发出更丰富多变的声音，为语言的产生打下了坚实基础。但在KE家族，FOXP2却发生了有害的变异，从而出现了语言障碍。

有的语言学家起初认为是患者的语法加工能力受到损害，而其他学者注意到这些成员其实主要是言语发音障碍。后来，Gopnik和Watkins等学者对KE家族成员进行语言测验，发现患病成员相对于正常成员来说，在词语流利度、非词拼写、词汇判读、句法理解和生成等方面都有不同程度的障碍。因此，KE家族成员的言语障碍到底是由言语发音方面的运动协调障碍引起的还是由语言本身某些成分的障碍引起的，目前还有争论。学者们认为KE家族的基因紊乱可能对语言习得及其后的语言能力发展造成不良的影响。

在Bartlett于2002年创建了新的基因分析技术以后，通过基因克隆来研究疾病和功能障碍的潜在基因联系的方法越来越多了，这就为FOXP2基因与语言相关的深入研究提供了可靠的技术保证。Enard在2009年通过将人类语言基因FOXP2植入老鼠体内的方法，发现植入语言基因的老鼠比正常老鼠在大脑皮层和基底节的联系上更加丰富，其在基底节的神经元轴突增长，树突密度变厚，可塑性增强，能发出较低波段的超声波，从而进一步说明了该基因在人类语言能力进化和人类语言器官进化中的重要作用。

总之，1990年KE家族的发现，引起了学者对语言基因的研究热潮。经过近几十年来多学科学者的努力，人们对语言与基因关系的认识丰富了许多。现在学者们倾向于认为FOXP2基因既不是纯粹的语法基因、语言基因，也不是大脑基因，更不是人类特有的基因，动物也有FOXP2基因。FOXP2基因是一个具有高度自保守性的转录因子，在胚胎发育、婴儿出生后以及器官发育中都发挥着近乎相同的生物转录作用。

此外，一些与阅读困难和阅读障碍有关的候选基因也相继被发现，例如，Taipale等人2003年发现的DYX1C1基因、Meng等人2005年发现的DCDC2基因、Cope等人2005年发现的KIAA0319基因、

Hannula-Jouppi 等人 2005 年发现的 ROBO1 基因。最后，Vernes 等人 2008 年以及 Newbury 等人 2009 年发现了一些关于语言障碍的候选基因，如 CNTNAP2、CMIP 和 ATP2C2 等，均被证实与语音短时记忆、语音解码等各种阅读加工成分有密切关系。从分子遗传学角度考察正常群体阅读能力的研究并不多，其中 Zhang 等人 2012 年的研究发现 DYX1C1 基因能够影响正常儿童阅读能力的发展。

同样重要的是，人类的某些基因变异会特异性地使人类具有语言功能或使人类语言功能出现障碍。如现在很多研究发现，虽然很多动物也具有 FOXP2 基因，但似乎只有人类的 FOXP2 基因上的两个核苷酸变异才导致人类具有复杂的言语沟通能力。另外，某些基因变异则由于其各自不同的遗传学功能，在不同器官的作用以及不同发育阶段表现出不同的言语障碍类型，如上面提到的发展性失读症、特定性语言障碍、言语发音障碍等。

探讨正常群体语言能力的影响因素，最直接的方法是从遗传和基因的角度（包括行为遗传学和分子遗传学）进行。对双生子阅读能力的探讨，能够揭示阅读能力个体差异的遗传基础，而利用分子遗传学分析技术则可以揭示与阅读能力有关的基因。

行为遗传学大多以双生子群体为被试，这方面的研究能够从遗传和环境两个方面回答阅读能力个体差异的原因。一系列双生子行为遗传学的研究证实了阅读能力受到遗传因素的影响，且阅读能力的各个方面也在不同程度上受到遗传因素的影响。

以往研究从行为遗传学和分子遗传学的角度揭示了语言能力的遗传机制，今后还需要采用全基因扫描技术，在大样本正常群体中进一步发现与语言能力有关的基因，并深入揭示相关基因的作用机制。

第二节　阅读障碍

一、阅读障碍的认知缺陷

阅读障碍是一种无法由智商、学习动机等因素解释的阅读能力低下。根据研究报告，我国阅读障碍的发病率为5%～10%。患有阅读障碍的儿童尽管智力和家庭环境正常，并接受了正常的教育，但阅读成绩显著落后于其年龄或智力应达到的水平。拼音文字的阅读障碍主要表现为单词再认时的准确性和流畅性问题，词汇量不足，并伴有拼写及阅读理解问题，这些缺陷甚至阻碍了阅读障碍者一般常识的增长。汉语阅读障碍也主要发生在字词水平，与拼音文字有着相似的行为表现。

阅读障碍领域的一个研究重点是探讨行为层面背后的问题，从而更深入地揭示阅读障碍的表现形式和起因。同前文所述的字形学习和形音联结的学习一样，汉语和拼音文字的阅读障碍在认知缺陷方面也存在重要的差异，这些跨文化差异现象均反映了语言文字系统的特征对语言认知所涉及的过程的决定作用。

首先，在语音意识方面，汉语和英语存在显著的差异。对于英语阅读障碍而言，语音意识缺陷是其核心缺陷，但对于汉语阅读障碍来说，更为核心的则是语素意识和视觉正字法意识。语音意识方面的跨文化差异源于不同文字体系在形音对应规则方面的差异。如前所述，拼音文字形音对应的规则性较高，语音通达更多依赖拼读的方式实现，因此儿童感知和操纵音位等语音单元的能力对其阅读的发展自然是十分重要的；汉语缺乏形音对应规则，语音通达更多依赖语音提取通路，自然对分解语音的要求较低。

与语音意识形成鲜明对比的是语素意识，即关于基本的语义单位和组词规则的意识。Shu等人2006年采用较大的汉语阅读障碍儿童的样本发现，相对于语音意识，语素意识和快速命名能够更好地将阅读障碍组和对照组区分开，路径分析显示语素意识对阅读障碍的预测能力最强，并且对汉字识别、汉字听写和篇章理解均有一致的预测能力。Pan等人2015年的追踪研究也表明，小学一至四年级的语音意识对五年级时汉字识别的预测能力是显著的，但远远低于语素意识的预测力，并且语素意识还对阅读流畅性、汉字听写和篇章阅读有很强的预测力。研究者们认为，语素意识在汉语阅读障碍中的重要地位源于汉语的三个特征：（1）汉字中有大量的合成词，因此掌握了组词规则对于学习汉语具有促进作用；（2）汉字中大量的形声字的形旁在表义上具有一定的规则性；（3）汉字中大量的同音字和形近字有赖于通过语义进行区分。

如前所述，汉字具有特殊的视觉特征和结构组织规则，正字法规则的掌握对于汉字的学习和阅读的发展有重要的意义。已有研究发现，正字法缺陷是引起汉语阅读障碍的重要因素之一。Ho等人2004年以汉语阅读困难儿童为被试，采用多种认知加工测验，发现正字法缺陷是汉语阅读障碍最主要的认知缺陷之一。Peng等人2017年的元分析研究也发现相对于年龄匹配组，汉语阅读困难儿童在语素意识、语音意识、正字法知识和快速命名等多种语言加工技能上存在缺陷，但相对于阅读水平匹配组，则仅在正字法知识和快速命名上存在缺陷，提示二者可能是导致汉语阅读障碍的原因。另外，Gao等人2019年的研究对汉语阅读困难者和中英双语阅读困难者进行了比较，发现母语阅读困难会显著增加患双语阅读困难的概率，单纯汉语阅读困难的儿童仅存在正字法加工方面的问题，而在两种语言中都存在阅读困难的儿童则有语音意识和数字快速命名方面的问题。这项研究也支持正字法相关缺陷是汉语阅读障碍的症结所在。

综上，人们对阅读障碍的认知缺陷已经积累了较为丰富的认识。但是，绝大多数研究均属于在相关层面揭示阅读障碍的认知缺陷，尚缺乏足够的训练研究和长期追踪研究确定哪些认知缺陷是导致阅读障碍的原因。再加上阅读障碍特别是汉语阅读障碍存在明显的异质性，目前离真正认清阅读障碍的起因还相当遥远。

二、阅读障碍的神经机制

对阅读障碍的定义，反映了人们对阅读障碍认识的不断深入，即这种困难的产生具有一定的神经生理基础。随着研究思路的不断开阔以及研究方法的不断更新，研究者不再满足于描述阅读障碍者在认知技能方面表现出来的异常，而渴望从神经层面探索阅读障碍产生的机制。研究发现，阅读障碍者与正常群体阅读能力差异的神经机制可能反映在大脑的结构和功能等多个方面。

在脑功能激活方面，与正常人相比，拼音文字的阅读障碍者在阅读时与语音加工相关的脑区普遍存在激活异常。Shaywitz等人1998年让正常被试和阅读障碍被试分别进行5次语音分析任务。结果发现，随着任务难度的增加，正常被试在左侧颞顶区域的激活增强，而阅读障碍者并没有表现出相同的趋势。进一步比较发现，阅读障碍者在左侧颞顶区域的激活显著低于正常被试，而在大脑前部的有些皮层却出现了较强的激活。这种与正常被试相比脑激活存在异常的效应不仅仅体现在成人阅读障碍者身上。Temple等人2003年的研究发现，与正常儿童相比，阅读障碍儿童在左侧颞顶区域以及颞枕区域的激活不足。左侧颞顶区为听觉语音加工相关脑区，这表明拼音文字阅读障碍者存在语音方面的缺陷，也从神经机制层面证明了语音意识缺陷是拼音文字阅读障碍的核心缺陷。

在脑结构方面，Hoeft等人2007年的研究发现，与正常阅读者相比，阅读障碍者在左侧顶叶区域的灰质体积较少。此外，Horwitz等人1998年对比阅读障碍者和正常被试在阅读过程中功能连接的研究发现，在阅读过程中，正常被试左侧颞顶区域的角回与视觉分析的颞枕区域、语音语义加工的威尔尼克区以及布洛卡区都有很强的功能连接，而阅读障碍者的这些功能连接大大减弱。此后Pugh等人2000年的研究也发现了阅读障碍者阅读中角回与阅读其他相关脑区的功能连接的缺失。角回是视觉性语言中枢，该区域的功能联结缺陷表明拼音文字阅读障碍者也存在视觉文字加工的异常。

三、汉语阅读障碍

由于阅读障碍在拼音文字国家学龄儿童中发病率较高，严重影响了儿童的学习和生活，所以该领域研究受到各国政府和研究者的普遍重视。我国Zhang等1996年的研究以及Yin和Weekes 2003年的研究发现，有5%～10%的学龄期儿童表现出阅读障碍。

（一）汉语阅读障碍的认知缺陷

与拼音文字相似，汉语阅读障碍主要发生在字词水平。汉语阅读障碍儿童在阅读和拼写中存在困难，特别是字词再认的正确率和速度都较低，另外，在语音、命名速度和正字法方面也存在缺陷。Shu等人2003年使用启动任务和学习-测验任务发现，与正常儿童相比，阅读障碍儿童汉字表征质量差，形、音、义表征的联结弱。他们的汉字形、音、义加工不如正常儿童，主要表现为汉字识别正确率低、词汇通达速度慢、更加依赖线索等。阅读障碍儿童语音通达速度慢，通达过程受声旁及邻近字的影响大；阅读障碍儿童语义通达速度也慢，语音编码在语义通达过程起更大作用。阅读障碍儿童在字形输出中产生更多的同音替代错误，汉字字形表征不精确。

汉语发展性阅读障碍与拼音文字发展性阅读障碍的亚类型是否相似？汉语发展性阅读障碍的核心缺陷是什么？Shu等人2005年通过个案研究发现，汉语发展性阅读障碍中存在不同的亚类型。2006年，Shu等人对汉语发展性阅读障碍的亚类型做了进一步探讨，研究表明，从缺陷发生的比例来看，语音障碍、语素障碍和命名速度障碍是汉语阅读障碍中最重要的三种缺陷。英语阅读障碍儿童共有的问题是语音意识缺陷，与此不同的是，汉语阅读障碍儿童共有的问题是语素意识缺陷，语素意识缺陷可能是汉语阅读障碍的一个重要类型。此外，Ho等人2002年的研究发现，汉语阅读障碍儿童具有多种认知缺陷，其中20%的儿童只有一种认知缺陷，50%的儿童具有两种以上的认知缺陷。

（二）汉语阅读障碍的神经缺陷

既然汉语阅读障碍在行为表现上具有一定的特点，那么在神经机制上，汉语阅读障碍是否与拼音文字阅读障碍有所不同呢？Siok等人2008年的研究发现，汉语阅读障碍儿童在左侧颞顶区并未表现出激活不足，而这一区域的激活缺陷是拼音文字阅读障碍者的典型特征。该研究在结构或者功能方面都没有发现在汉语阅读障碍中脑区有异常。该研究表明，语音加工缺陷不是汉语阅读障碍者的主要缺陷。因此不同文字系统下的阅读障碍的神经基础不同。这些差异为人们理解汉语言文字系统的特征对于阅读的脑机制的塑造作用提供了重要的信息。Siok等人2008年以及Shaywitz等人2002年有关汉语阅读障碍的研究发现，阅读障碍被试的左侧额中回激活更弱，左侧前额下回激活更强，且左侧额中回的灰质体积较少，该区域的激活强度与灰质体积呈显著正相关关系。研究者认为左侧额中回激活较弱可能反映了阅读障碍儿童在进行视觉-语音加工时，不能很好地对工作记忆中视觉-空间的信息进行表征和整合，因此他们会更多地使用左侧前额下回，而左侧额下回是参与语义信息存储的重要脑区，这表明他们用语义信息来补偿该功能缺陷。Courtney等人1998年在英语阅读障碍儿童的研究中也发现了左侧额下回的作用。

Yang等人2020年的研究表明，除了左侧额中回和额上回等皮层外，汉语阅读障碍儿童也在左侧角回和左颞上回表现出形音一致效应的降低，左侧角回、左侧舌回和小脑的功能联结不足。这些区域的激活和功能联结异常导致了阅读障碍儿童正字法和语音的联结缺陷，同时也表明视觉信息和听觉功能的整合是阅读的重要基础。此外，小脑功能缺陷也与阅读障碍有关。Yang等人2013年的研究发现，汉语阅读障碍儿童的左小脑、左中颞叶和右丘脑在内隐运动学习中表现出异常激活；2016年的研究发现，汉语阅读障碍者左侧小脑灰质体积减小，并且阅读能力与该区域灰质体积呈正相关关系。Menghini等人2006年以及Linkersdörfer等人2012年关于拼音文字阅读障碍者的研究发现，阅读障碍与右侧或者双侧小脑异常有关。这表明左侧小脑的结构异常是导致汉语阅读障碍的原因之一。同时，Nicolson等人2001年的研究进一步认为阅读障碍可能与广泛的感觉运动缺陷有关，例如语音缺陷可能发自更基本的感觉运动缺陷，大尺度的大脑网络异常也是阅读障碍的原因。Qi等人2016年收集了汉语阅读障碍儿童和正常发育儿童的结构磁共振成像数据，构建了皮质厚度和表面积网络。在皮质厚度网络中，与正常儿童相比，阅读障碍儿童在左半球的节点网络属性以及主要在右半球的增强节点特性上均值降低；在皮质表面积网络方面，阅读障碍儿童在后脑区域表现出较低的节点特性，在前脑区域表现出较高的节点特性。研究发现，阅读困难个体的异常结构连通性不仅是由于皮质厚度网络变化所反映的后期发育效应，而且可能是产前发育过程中的先天性效应引起。这表明汉语阅读障碍的脑结构网络的异常既存在先天因素，也有后天因素。进一步的研究采用阅读任务揭示了阅读障碍者在脑网络中的不足。研究采用同样的两个阅读任务（视觉词汇的押韵判断任务和视觉词汇的语义判断任务）来分别考察阅读障碍儿童的语音提取和语义提取过程，采集了阅读障碍儿童和正常发育儿童的行为和脑成像数据。结果发现，相较于语义判断任务，两组被试在押韵判断任务中表现出更加突出的脑网络差异，阅读障碍儿童的大脑功能网络中语音加工缺陷更加明显，而语义加工模式与正常儿童相似。此外，Liu等人2019年的研究发现，正常儿童的语音加工网络和语义加工网络更加分离，阅读障碍儿童会借助语义加工网络和默认控制网络来完成语音任务。

Su等人2018年的研究从白质通路变化的角度，更精细地考察了阅读障碍的神经基础。这项研究运用基于ROI的纤维追踪技术，对每一名儿童的弓状束（Arcuate Fasciculus，简称AF）进行了精细的划分。它们分别是位于左右两个半球的前部弓状束（AF-anterior）、后部弓状束（AF-posterior）和直接弓状束（AF direct），还有下纵束（ILF）。结果发现，相比正常儿童，阅读障碍者在左半球前部弓状束和下纵束上的每一条纤维束上的FA值（Fractional Anisotropy，分数各向异性）更低，进一步的回归分析发现，两者在功能上是分离的，直接弓状束与语音处理技能有关，下纵束与语素意识有关，而语素意识在汉语阅读中又极为重要。背侧和腹侧通路的分离反映了汉语阅读的普遍性和特异性。这表明白质通路的连接异常也是解释汉语阅读障碍的原因。

以上研究结果显示，不同文字系统的阅读障碍者的神经机制存在差异，例如左侧颞顶区与小脑的结构和功能表现在拼音文字和汉语中有所不同，阅读障碍者在脑激活、脑结构和脑区连接上都有不同形式的异常表现。在神经机制层面开展研究有助于人们了解阅读障碍发生的本质和深层次原因。但需要注意的是，目前研究多揭示的是神经机制异常与阅读障碍的相关关系而非因果关系，神经机制异常究竟是阅读障碍的原因还是结果，有待于进一步探究。不同文字系统下的阅读障碍在行为表现和神经机制方面都具有各自的特点。与拼音文字阅读障碍者相似的是，汉语阅读障碍者在词汇再认的准确性和速度以及语音意识方面存在缺陷，不同的是，汉语阅读障碍者还存在语素意识和正字法意识的缺陷，以及一种或多种认知缺陷。这些差异为人们理解汉语阅读的过程提供了重要的信息。

四、阅读获得和阅读障碍的早期预测

如果能够对阅读障碍进行早期预测，就可以尽早地进行干预，减少阅读障碍发生的比例。那么儿童在入学前，有哪些因素能够预测儿童语言的获得和阅读的发展？目前，已有一些追踪研究为这一问题提供了初步的答案。同时，认知神经科学的发展为阅读获得和缺陷的早期预测提供了神经层面的指标。

拼音文字的阅读发展有三个重要的认知基础，分别是形–音联结的知识、语音意识和快速命名能力。例如，Muter等人2004年对4岁9个月的英国儿童进行了追踪研究。结果发现，儿童早期的字母知识和音位意识能够预测儿童两年后的单词识别能力。而Bowyer–Crane等人2008年的研究发现，通过对这两项进行训练可以提高儿童字词水平的阅读和拼写能力。Kirby等人2010年的研究提出，早期的快速命名能力能够预测词汇水平和篇章水平的阅读准确性和阅读流畅性的发展以及阅读障碍的出现。

对于汉语而言，已有研究提示语素意识、正字法意识和快速命名能力对早期阅读的发展更为重要。例如，McBride-Chang等人2011年的研究发现，儿童5岁时的语素意识、快速命名能力和词汇阅读的准确性能够预测7岁时是否具有阅读障碍；Lei等人2011年的研究发现儿童3—6岁时的音节意识、语素意识和快速命名能力的缺陷能够预测8岁时是否出现阅读困难。Pan等人2015年的一项历时8年的追踪研究为语音意识和语素意识在汉语阅读早期发展中的相对作用提供了直接的证据。该研究发现，4—6岁即识字前儿童的音节意识能够预测7—10岁儿童的音位意识和语素意识；儿童7—10岁时的音位意识对11岁时的汉字识别能力有显著的预测力，而7—10岁时的语素意识则对11岁时的汉字识别能力、汉字书写能力、阅读流畅性和阅读理解能力均有很强的预测力。这一研究提示语素意识对于汉语阅读的作用远大于语音意识，不过早期的音节水平的语音意识也为语素意识的发展提供了基础。还有一些研究纳入了多水平、多维度的预测变量，扩展了人们对于阅读发展机制的认识。例如，Liu等人2009年的研究发现，儿童在2岁时的词汇知识、3岁时的粤语发音和4岁时的语法技能、句子模仿以及故事理解能力等能够预测7岁时的词汇再认成绩；Zhang等人2017年的研究发现，早期家庭因素和语言技能可以解释儿童在五年级时的识字技能差异，儿童的识字量还受到了具体的家庭环境和家长在儿童阅读上花费的精力的影响。这表明除了与语言相关的语音、词汇等因素之外，家庭教育也是影响儿童阅读技能发展的重要原因。

随着认知神经科学的发展，研究者们开始从神经机制的角度探讨阅读获得和阅读障碍的早期预测问题。已有研究发现，相对于行为指标本身，结合神经指标对阅读能力进行的预测更有效，并且能够实现更早期的预测。在发展性阅读障碍个体中，存在某些白质通路的连接异常，以及多个系统之间信息映射的枢纽区域功能异常。Myers等人2014年的弥散磁共振研究表明，儿童在6岁时弓状束的各向异性系数（FA值）与阅读前期的语音技能相关，6—8岁时弓状束成熟度可预测未来的阅读表现。

综上所述，阅读障碍者不仅在行为表现和认知技能上异于常人，而且在神经水平上和正常人相比也有一定的差异，具体表现在大脑功能和结构等多个方面。此外，不同文字系统下阅读障碍的特点具有一定的相似性和特异性。汉语阅读障碍主要表现为语音意识、语素意识、命名速度和词汇知识方面的缺陷，汉语阅读障碍的儿童往往具有多种认知缺陷。追踪研究能够对阅读获得和阅读障碍进行早期预测，同时结合脑的神经指标对阅读障碍的预测作用更有效。因此，未来研究需要进一步从行为和神经的角度探讨阅读获得和阅读障碍的机制，对阅读获得和阅读障碍进行早期预测，从而采取一定的措施提高正常个体的阅读能力，矫正阅读障碍个体的阅读缺陷。

第六章　第二语言学习

第一节　不同文字系统神经机制的差异

文字具有极强的文化特性。不同的文化具有不同的语言文字。据统计，目前世界上现存有6000多种语言文字。而这些文字在视觉特征、构造规则、句法、语音等方面千差万别。这些差异对于阅读的习得和阅读障碍的机制产生了重要的影响。如Cossu等人1995年、Ellis和Hooper 2001年以及Frith等人1998年的研究发现，浅正字法文字（如意大利语、韩语）的阅读学习明显比深正字法文字（如英语）容易。McBride-Chang等人2005年以及Tan等人2005年的研究发现，语音意识对于拼音文字的阅读习得比较重要，而语素意识对于汉字的阅读习得比较重要。

一、跨文化阅读的重要脑区

Bolger等人2005年对43项针对不同语言阅读神经机制的研究结果进行了元分析。在这些研究中，25项是关于拼音文字的阅读，9项是关于汉字的阅读，5项是关于日语中假名（Kana）的阅读，4项是关于日语中汉字（Kanji）的阅读。结果发现，三个区域在阅读中的活动具有跨文化的一致性：一是左侧颞上回后部（BA22）；二是额下回的上后部（BA6）；三是左侧的颞枕区域（BA19和BA37）。

颞上回后部是位于颞顶区域的一大片区域。Bolger等人2004年发现在不同语言阅读中都激活的是这片区域的前外侧。以往研究已经发现语音识别过程在大脑中的激活是从颞枕区域后内侧到前外侧，那么，颞枕区域前外侧在不同语言阅读中的激活一致性可能反映了这个区域对整体字形的语音识别，也体现了不同语言阅读中语音加工共通性原则。

另一个在不同语言中都激活的区域，是位于腹侧的额下回。Tan等人2005年对6项中文阅读和13项英文阅读元分析中也发现这个区域是所有文字阅读共同激活的区域。Tan等人解释这个区域反映了语音储存。在阅读双通路模型中，腹侧的额下回可能负责阅读中语义的加工。目前对于额下回各个子区域在阅读中的具体作用没有十分一致的说法。但不管如何解释，腹侧额下回可能是跨语言阅读的通用神经机制。

跨文化阅读中，研究者们基本认可的一个一致性激活脑区是左侧颞枕区域。Bolger等人2005年、Jobard等人2003年以及Tan等人2005年的跨文化阅读元分析中，都发现了这个区域在各种语言阅读中的一致性激活。与此一致的是，Baker等人2007年、Nakamura等人2005年、Xue等人2006年以及Yoon等人2005年的研究中，对单种语言阅读（如英语、汉语、韩语、日语等）神经机制的探讨，也一致地报告了这个区域的激活。目前，关于左侧颞枕区域在阅读中的具体功能还存在争议，而它在跨文化阅读中的一致激活可能反映了这个区域作为阅读的门户区域进行视觉分析不会受到语言系统的影响。

不同语言阅读，尤其是阅读不同语言体系中语言（如表音和表义文字）的时候，由于视觉特征、形音转换规则等方面存在的差异，在大脑激活上会表现出不同语言阅读神经机制的特异性。例如，表义的图形文字（如汉字）是由部件组成的紧密的方块字，而表音的拼音文字（如英语）是由字母组成的线性组合。早期对阅读神经机制的探讨主要是针对表音文字的。汉字的特殊视觉特征，可能让人们加工汉字比加工表音文字需要更多的空间视觉分析。以往研究已经揭示了空间视觉分析主要依赖于大脑的右半球。与此一致的是，Liu等人2007年以及Tan等人2000年、2003年的研究发现，汉字阅读在颞枕区域表现出双侧化甚至是右侧化的激活模式。这与以往研究发现的表音文字阅读左侧化的激活模式有明显的不同。Bolger等人2005年的元分析也揭示了汉语阅读比其他文字阅读更多激活了右侧颞枕区域，支持了汉语加工视觉分析区域更右侧化的说法。

汉字与表音文字的不同，不仅体现在视觉特征上，还体现在形音转换规则上。汉字阅读是从语素到音节的转换，是直接的整字读音的提取，而表音文字的阅读是从字母到音素的转换，是拼读的过程。以往研究已经揭示了左侧颞顶区域负责表音文字的形音转换。研究者们发现，颞顶区域的激活在汉字和其他文字的阅读上存在差异，表现为拼音文字激活了颞上回后部靠近顶叶的区域，而汉语阅读没有，这可能正是体现了表音文字比汉语阅读更多用到了拼读的过程。对于汉语阅读在这个区域激活的缺失，Tan与他的合作者们2005年提出了汉语阅读特有的一个脑区，即左侧额中回。他们认为这个区域专门负责汉语阅读的语音提取。他们后来的一系列研究都旨在说明这个脑区对于汉语阅读的特异化贡献。不过，其他研究，如Chee等人1999年、Chen等人2002年以及Xue等人2004年、2006年关于汉语阅读的神经机制的研究都没有报告这个脑区，所以左侧额中回的具体功能还需要进一步研究。

另一个与语音转换有关的跨文化阅读特异性脑区是额下回。前面已经提到，研究者们发现额下回各个子区域在功能上并不相同，额下回背侧可能负责语音的加工，而腹侧更多负责语义的加工。与此一致，Bolger等人2005年以及Tan等人2005年的研究发现，直接提取语音的汉字阅读（主要通达到语义）更多地激活了额下回的腹侧区域，而涉及语音拼读的表音文字阅读更多地激活了额下回的背侧区域。

另外，在形音转换规则上，表音文字内部也存在差异。例如，意大利语、德语等字母与音素之间的对应更为明确，它们是浅层正字法或者透明正字法语言，而英语的形音对应相对不那么明确，是深层正字法或者半透明正字法语言。Paulesu等人2000年的研究发现，浅层正字法语言阅读更多依赖于语音拼读通路，如颞上回后部；而深层正字法语言阅读更多依赖于语音提取通路，如额下回腹部和颞下回后部。

二、不同文字系统加工的一侧化

不同文字系统在很多方面存在差异，其中一个非常明显的差异是视觉特征的差异。图形文字（如汉字）和拼音文字（如英文）是两种视觉构造截然不同的文字系统。以汉字和英文单词为例，汉字在形体上是由笔画组成的紧密方块形符号，而英文单词是利用不同字母的组合来构成的，其字形具有线性结构。这种视觉构造上的巨大差异可能导致汉字与英文单词加工在大脑征用上的差异。一般认为，由于汉字的特殊视觉构造，汉字加工比英文单词加工需要更多的视觉空间加工的参与。从这个意义上来说，汉字加工可能比英文单词加工需要更多的右侧视觉皮层的参与。

为了检验上述假设，Tan等人2000年对单个汉字和汉语双字词在阅读关键脑区的半球一侧化进行了考察。他们发现在额叶和颞叶，汉字和词语都表现出显著的左侧化激活，而在视觉皮层，两种文字都表现出右侧化激活。与此一致，Liu等人2007年的脑成像研究发现，英语母语者在阅读新学会的汉字时，视觉皮层也表现出显著的双侧化甚至右侧化激活。这与之前Price等人1996年以及Vigneau等人2005年发现的拼音文字加工在视觉皮层表现出显著的左侧化激活形成了鲜明的对比。Tan等人认为这可能反映了中文阅读比拼音文字阅读需要更多的视觉空间分析。

与汉字加工在初级视觉皮层的双侧化激活的一致发现不同，关于汉字加工在梭状回区域的一侧化激活的问题仍然存在争议。Tan等人2000年认为，在梭状回区域，汉字加工也是双侧化甚至右侧化的激活模式。而Xue等人2005年的两侧半球直接比较研究发现，汉字加工只在初级视觉皮层表现出明显的双侧化，而在高级视觉皮层（如梭状回）则表现出与拼音文字类似的左侧化活动模式。他们认为，初级视觉皮层主要负责视觉特征的分析，所以汉字独特的空间结构引起的更多的视觉空间分析可能只发生在视觉特征分析的阶段。与此不同，高级视觉皮层（如梭状回）可能负责视觉词汇的更高水平的加工，可能更多地受到语言经验的调节作用，因而会表现出与其他语言区类似的左侧化激活。后一种观点与Cohen和Dehaene 2004年以及Cohen等人2002年发现的左侧梭状回可能负责抽象的视觉字形加工的结果是一致的。视觉单词的物理特征应该不会影响到抽象的字形加工水平。另外，汉字与拼音文字的差异不仅表现在外部的视觉特征上，而且它们在正字法通透性上也存在很大的差异。汉字的阅读是基于整字与读音的联系（词汇水平），而拼音文字是基于字母或字母组合与音位的联系（亚词汇水平）。根据大脑两半球功能分工的观点，基于亚词汇水平的加工可能比基于词汇水平的加工更加依赖于左侧半球。从这个意义上来说，汉字与拼音文字在梭状回区域的差异可能不仅仅反映了视觉构造的差异，正字法通透性上的差异可能也是造成它们加工一侧化的一个重要原因。

三、不同文字系统正字法通透性

如上所述，不同文字系统之间的另一个非常重要的差异是正字法通透性的差异。拼音文字（如英语）一般具有较为明确的形音对应规则，因而其语音通达主要依赖于语音拼读通路；而图形文字（如汉字）一般没有明显的形音对应规则，其语音学习依赖于字形与语音之间联系的记忆，因而图形文字的语音通达可能更多依赖于语音提取通路。

汉英双语者的大量存在为考察汉字和英语单词认知加工的神经机制差异提供了便利。目前，已有很多研究比较了汉英双语者的中文与英文认知加工机制。尽管大部分研究发现汉英双语者的两种语言认知加工具有相似的神经表征，但是一些采用语音任务的研究确实发现两种文字在一些脑区的激活存在差异。如Xue等人2004年比较了汉英双语者的中文与英文单词在语音加工时的大脑活动。结果发现，虽然两种语言的语音加工激活了非常相似的神经网络，但是在左侧额下回鳃盖部，英文的激活强度明显高于中文。英文在这个区域的激活可能反映了英语的语音加工更加依赖于语音拼读。然而，两种语言在熟练程度上的差异也可能是造成两种语言在左侧额下回激活差异的原因。对于汉英双语者而言，英语是他们的第二语言，其熟练程度明显低于母语（汉语）。从这个意义上来说，英文单词在左侧额下回的更强激活可能反映了汉语母语者加工英文单词时需要投入更多的认知资源。

为了减少语言间熟练程度的影响，Tan等人2003年直接比较了汉语母语者阅读汉字和英语母语者阅读英文单词时的大脑活动差异。他们发现，与汉语母语者相比，英语母语者阅读英语单词时在左侧额下回和颞上回区域激活更强。这些区域被认为与形音转换有关，因此英语母语者在这些区域的激活增加说明英文阅读比中文阅读更加依赖于语音拼读通路。有趣的是，与英语母语者相比，汉语母语者阅读汉字时在左侧额中回和顶叶区域激活更强。Tan等人认为，顶叶区域的激活可能反映了汉字加工需要更多的视觉空间分析，而左侧额中回可能专门负责汉字的语音提取。这一观点得到了他们后来所做的一项元分析研究的支持。更为有趣的是，他们进一步发现与正常个体相比，汉语阅读障碍个体在左侧额中回的激活明显下降，灰质容量明显减少。尽管如此，其他关于汉字阅读的研究并没有发现类似的结果。因此，左侧额中回究竟在汉字加工中扮演什么样的角色还需要进一步研究。

在拼音文字内部，不同文字的正字法通透性也存在显著的差异。一般来说，根据正字法通透性的不同，拼音文字可以分为浅正字法文字和深正字法文字。浅正字法文字是指字母与读音的联系具有明确的对应关系，而深正字法文字的形音对应规则相对比较模糊，一个字母或字母组合可能对应多个发音。为了考察正字法通透性对语言加工神经机制的影响，Paulesu等人2000年直接比较意大利语母语者和英语母语者在阅读真词和假词时的大脑活动差异。与英语母语者相比，意大利语母语者在阅读真词和假词时在左侧颞上回后部激活更强，而英语母语者在阅读假词时在左侧额下回和颞枕区域激活更强。这一结果说明正字法通透性可能会调节阅读通路的征用。具体而言，浅正字法文字更依赖于语音拼读通路，而深正字法文字更依赖于语音提取通路。采用相似的实验范式，Nosarti等人2010年也对意大利语母语者与英语母语者的词汇阅读的脑机制进行了比较。然而，他们只在左侧颞枕联合区观测到英语母语者比意大利语母语者激活略强，但是并没有重复另外两个区域的发现。以上两个研究的不一致发现可能是由两个原因导致的。首先，在Nosarti等人的研究中，实验材料既包含母语词汇，又包含第二语言词汇，因而被试需要在母语与第二语言之间来回进行语言切换，而在Paulesu等人的研究中，被试只需要使用一种语言进行阅读。因此，语言之间的切换可能会减弱两组被试的差异。其次，Paulesu等人的研究采用的阈限值较低，并且脑成像数据使用的是固定效应分析。因此，他们发现的效应可能是一种假阳性的结果。

第二节　第二语言学习的神经机制

学习第二语言是一种独特的学习任务和学习经验，这是因为第二语言学习不是从个体一出生就开始的，而是在母语已经习得或者部分习得的时候才开始的。那么，第二语言学习的起始年龄是否影响第二语言加工的神经机制？第二语言的学习经验又会如何塑造人们大脑的结构与功能？这一部分将集中探讨这些问题。

一、第二语言学习神经机制的年龄效应

第二语言习得的年龄（Age of Acquisition，简称AoA）是否影响第二语言加工的神经机制？一方面，一些研究发现，越早学习第二语言，第二语言和母语之间的大脑神经活动模式越相似。Kim等人1997年的一项研究发现，6岁前开始学习第二语言的熟练双语者完成第二语言的句子理解时，其激活脑区与理解母语句子激活的脑区一致，而晚期（6岁以后学习第二语言）熟练双语者的第二语言加工模式与母语在额叶区域存在较大差异，即需要额外的大脑激活来加工第二语言语法。双语者同时阅读两种语言时以相似程度激活了相似的脑区，5岁后学习第二语言的继时性双语者在阅读第二语言时却额外地激活了

与语音加工和词汇流利性有关的左前运动皮层、左侧额下回和小脑，与语言解码有关的左梭状回，以及与视觉注意力和语音产生的控制功能有关的枕下皮层和前扣带回，提示语音产生和编码的脑区都受到了第二语言学习起始年龄的影响。Berken等人2015年的研究发现，当较晚学习第二语言且第二语言熟练度较高时，与语音运动和阅读相关的特定脑区激活会更大，这可能反映了晚期第二语言习得的补偿机制。另一方面，Das等人2011年的研究发现，越早学习第二语言，第二语言和母语之间的大脑神经活动模式越存在差异。Qu等人2020年的研究对比了3—4岁、5—10岁、10岁后学习两种语言的汉英双语者。结果表明，第二语言学习的起始年龄越小，与双语句子理解有关的神经激活特点差异越大；较晚习得第二语言的双语者加工第二语言和母语的神经活动更为相似，提示晚期双语者可能更多采用母语的大脑神经网络来加工第二语言，而在发展出第二语言要求的认知神经加工模式上可能存在困难，第二语言学习的起始年龄作为学习经验的一部分，其作用可能受到第二语言学习熟练度、学习方式等的调节。Perani等人1998年的研究发现，与高熟练者相比，低熟练的意英双语者在完成句子理解时，左侧颞叶脑区激活程度更低。但Cao等人2013年的研究表明，第二语言熟练度较高，母语加工的脑区更多参与第二语言加工。汉语和英语差异显著。Xu等人2017年的研究显示，汉英双语者在做汉、英阅读任务时引发了不同的大脑神经活动模式，而且加工两种语言的大脑活动区的分离程度达到了50.1%～97.6%，表明两种语言之间存在功能独立性。由于此研究中第二语言学习者均在6岁后开始学习第二语言，因此还需进一步探讨早期第二语言学习者加工汉英两种语言的脑区是否仍存在大量分离。

二、第二语言学习对脑发育的增益作用

第二语言学习是人脑可塑性的重要体现。研究表明，第二语言学习具有脑发育的保护和促进功能。Mechelli等人2004年发表在*Nature*上的研究表明，与单语者相比，英语–意大利语双语者左下顶叶灰质密度明显增大，且第二语言学习的起始年龄越小，第二语言学习的水平越高，左下顶叶灰质密度增益越大。该发现得到了对儿童第二语言学习与脑发育追踪研究的证实。Rosa等人2013年对15位学习第二语言的儿童进行了一年的追踪研究，结果显示，与语言能力和认知控制相关的顶下小叶的灰质密度增加。后续Zou等人2012年、Luk等人2011年以及Pliatsikas等人2014年的研究进一步揭示了双语者相对于单语者在尾状核与小脑灰质密度、白质发育完整性上的优势。Vincent等人在2019年系统探讨了第二语言学习对于脑发育促进作用的年龄效应。该研究结果显示，学习第二语言的时间越早，胼胝体头部和膝部的各向异性指数越高。学习第二语言对左伏隔核和双侧丘脑的扩张有显著的预测作用，对静息态中与视觉网络相关的功能连接有显著的预测作用。可见，第二语言学习可以进一步优化大脑结构和功能，但是这种优化是一个动态的过程，受到第二语言学习的起始年龄的调节。

第二语言学习影响大脑结构和脑连接的最佳证据来自训练研究。第二语言训练可以增加不限于与语言学习相关的多个脑区的灰质体积。其中，Richardson等人2010年的研究发现，缘上回、顶下小叶对新获得单词的语义和语音整合发挥重要作用；Abutalebi和Green2016年的研究发现，额下回、额中回和扣带回前部可能反映了对母语和双语的转换及控制；Li等人2017年的研究发现，左侧颞上回和双侧海马主要与新的词汇学习相关。Legault等人2019年的研究还揭示出第二

语言训练对脑发育的促进作用受到特定学习情境的调节。进一步研究需探讨第二语言学习经验的不同维度对大脑灰质和白质发育的影响。

第二语言学习经验还可能具有脑老化的保护作用。横断和追踪研究揭示两种及以上语言学习经验比年龄、受教育水平、经济条件等都更好地解释、预测了老人认知能力老化延缓的现象。Wilson等人2015年的研究发现，童年期的第二语言学习经验不仅与老年轻度认知障碍的低风险显著相关，而且有助于延缓病理性脑老化。Bialystok等人2007年的研究发现，184名终生使用两种语言的人比那些只使用一种语言的人晚四年被诊断出阿尔兹海默症。后续Bialystok等人2014年、Chertkow等人2010年、Craik等人2010年以及Woumans等人2015年的多个研究验证了第二语言学习对于神经系统退行性具有延缓作用。第二语言学习经验对老化脑保护作用的条件与机制还需要进一步探讨。

第三节　母语与第二语言学习的关系

不同语言之间既有共性也有差异。那么，在母语和第二语言存在巨大差异的情况下（如汉语和英语），加工两种语言的神经机制有多大的差别？另外，对第二语言的加工和学习是依赖于其本身的语言特性还是受母语经验影响？一些研究表明，母语阅读经验能够在一定程度上决定第二语言阅读加工的策略。从这个意义上来说，具有不同母语经验的个体在加工和学习相同第二语言时可能存在差异。

已有研究表明，第二语言阅读加工的一个重要影响因素是母语经验。在加工和学习第二语言时，个体很可能将母语加工的规则和策略迁移到第二语言加工上。当第二语言与母语相似时，则可能产生正迁移；反之，则可能产生负迁移。在阅读加工领域，一些研究也尝试从认知和神经机制上探讨母语经验对第二语言词汇阅读加工的影响。

一、认知层面

早期的行为研究已经开始关注母语经验对第二语言阅读的影响。Akamatsu在1999年分别选取母语为汉语、日语和波斯语的英语学习者为被试考察了母语阅读经验对英文字形加工的影响。在实验中，被试需要命名以小写形式或大小写混合形式呈现的英文单词。结果发现，汉语母语者和日语母语者（母语为非拼音文字）在命名任务上的大小写混合效应显著大于波斯语母语者（母语为拼音文字）。换句话说，具有长期拼音文字阅读经验的个体在阅读大小写混合的英语单词时加工效率更高，表明母语经验能够显著影响第二语言的阅读加工。与此类似，Wang等人2003年的行为研究也考察了母语为非拼音文字（汉语）和拼音文字（韩语）的个体在英语单词识别机制上的差异。实验包含两个任务：语义分类任务和音位删除任务。在语义分类任务中，研究者操纵了实验材料与类别提示词的字形相似度和语音相似度。结果发现，韩语母语者在与类别提示词语音相近的刺激的误报率明显高于字形相近的刺激的误报率，而汉语母语者则恰恰相反，他们在字形相近的刺激的误报率较高。这一结果表明，由于受长期汉字加工经验的影响，汉语母语者在识别英语单词时更依赖于视觉字形信息，而韩语母语者由于母语是拼音文字，所以更依赖于语音信息。这说明个体的母语经验能够在一定程度上决定第二语言的加工策略。这一观点得到了音位删除任务结果的支持。在音位删除任务上，汉语母语者在整体的成绩低于韩语母语者，并且汉语母语者犯了更多字形上可接受但是语音上明显不正确的错误。

二、神经层面

与认知行为实验的发现类似，脑成像研究的结果也发现母语经验能够显著影响第二语言的阅读加工。具体来说，脑成像研究结果的证据主要来源于两个方面。首先，双语者的两种语言在神经机制上的相似性支持了母语经验影响第二语言加工的观点。尽管少量早期关于双语者的研究发现了母语和第二语言神经机制的分离，但是后来大量的研究都发现它们具有非常相似的神经机制。如前所述，由于不同语言在诸多方面存在差异，所以双语者的两种语言在神经机制上的相似性很令人费解。一种可能的解释是第二语言的加工受到了母语经验的影响，因而具有与母语加工类似的神经机制。Chen等人2007年、Dong等人2008年、Mei等人2008年以及Xue等人2006年进行的人工语言训练的研究表明，由母语经验塑造的神经网络最适合学习新的语言。

关于母语经验影响第二语言阅读加工的更直接的证据来源于双语者和单语者的语言加工的对比。Nakada等人2001年比较了四组被试加工英语和日语时的大脑活动。这四组被试分别为日语母语者、英语母语者、日英双语者和英日双语者。结果发现，日语母语者阅读日语时的大脑激活模式与英语母语者阅读英语时的大脑激活模式差别很大。具体来说，日语母语者在颞下沟附近激活更强，而英语母语者在舌回激活更强。更有意思的是，日英双语者阅读英语时的大脑激活模式与阅读日语时相似，而英日双语者阅读日语时的大脑激活模式与阅读英语时类似。这一结果表明，母语加工能够决定第二语言阅读加工的神经机制。后来Tan等人在2003年的一项关于汉英双语者和英语母语者的研究也发现了类似的结果。他们发现，汉语母语者在加工英文时显著激活了左侧额中回区域，而英语母语者在阅读英文时显著激活了左侧额下回后部和颞上回。如前所述，由于左侧额中回在汉字的语音提取中有重要作用，所以他们认为这一结果反映了母语经验对第二语言阅读加工的影响。

Yang等人2016年以及Wang等人2019年的研究结果显示，与英语为母语、韩语为母语的英语学习者相比，汉语为母语的英语学习者无论英语熟练度的高低，都不能自动整合英语的字母声音，这反映出母语经验在第二语言自动化加工中具有深刻的影响。

为了解释母语经验对第二语言学习的影响，借用皮亚杰的同化和顺应思想，Perfetti等人2007年提出了一个双加工模型。该模型认为母语与第二语言加工的相互作用包含两个加工过程，分别为同化过程和顺应过程。同化假设认为人脑以加工母语的方式加工第二语言，用母语加工的神经网络加工第二语言。而顺应假设认为当新的语言与母语的差异达到不能简单采用母语加工的神经网络加工新语言时，人脑就会征用新的区域来加工新语言的独特特征。

到目前为止，双加工模型得到了一些研究的支持。如Zhao等人2012年以及Tian等人2019年的研究发现，英汉双语者在阅读第二语言汉语的过程中受到了母语的影响，在右侧枕颞区、左侧辅助运动区和左侧前中央回表现出比汉语母语者更加强烈的规则性及一致性效应；而Tan等人2003年的研究发现，汉英双语者阅读第二语言英语时则采用了汉语阅读的特有脑区（左侧额中回），而没有激活英语阅读的脑区（颞顶区域）；Li等人2019年以及Qu等人2019年的研究发现，随着学习的深入，阅读新语言和阅读母语的神经激活模式会更加相似，体现为同化作用。另一方面，Liu等人2007年以及Nelson等人2009年的研究发现，英语母语者加工汉字时的激活模式与汉语母语者非常相似，即英语母语者显著激活了双侧梭状回和左侧额中回，该结果支持了顺应假设。

当然，并不是所有第二语言阅读都受到母语经验的影响（同化过程），也有研究揭示了顺应过程。例如，Mei等人2015年以及Liu等人2007年的研究发现，英汉双语者在阅读汉语的时候征用了汉语母语者阅读汉语的神经机制，例如梭状回激活的右侧化和左侧额中回的激活。Li等人2018年的研究发现，在正常儿童中，母语和第二语言的特异性读写网络只在缘上回有较小的重叠，在梭状回处无重叠，说明第二语言读写能力与梭状回的关系并不受母语能力的影响。Meng等人2016年的口语词汇韵律判断研究发现，汉语为母语的英语阅读困难儿童左侧颞上回的功能激活正常，但左侧额下回与左侧梭状回激活不足，且左侧颞上回与左侧梭状回的功能连接也不足，也提示第二语言阅读困难的神经缺陷与目标语具有一致性。不过，Gao等人2017年的研究则发现母语和第二语言之间的相互影响存在不对称性。不论是汉英双语者还是英汉双语者，第二语言熟练程度高的个体在VWFA的激活均更偏向于外侧和前部，也即倾向于采用更偏重汉语的语音提取的加工模式。

根据这些研究结果，人们可能认为汉语母语者更可能使用同化加工，而英语母语者更可能使用顺应加工。另外一种可能是正字法不透明的图形文字需要顺应加工，而正字法透明的拼音文字需要同化加工。这些可能性需要通过不同母语经验的被试学习相同的语言来检验。一项跨文化研究揭示了第二语言经验对母语加工的影响。研究者们以中文母语者、具有长期中文经验的英语母语者以及无中文经验的英语母语者为研究对象。结果发现，中文母语者与无中文经验的英语母语者阅读各自母语时梭状回的激活分别呈现出右侧化和左侧化的模式。有意思的是，具有长期中文经验的英语母语者比无中文经验的英语母语者在英语单词和假词阅读时都更多征用了右侧梭状回，这反映出英语母语者在阅读母语时受到第二语言即汉语经验的影响。

母语经验可能是第二语言阅读加工的一个重要影响因素。不同母语者在阅读和学习第二语言词汇时可能表现出差异。具体来说，英语母语者由于具有长期的语音拼读经验，所以可能在学习拼音文字上表现出优势，而汉语母语者由于具有长期的语音提取经验，所以他们可能在学习图形文字上表现出优势。同样地，在神经机制上，英语母语者和汉语母语者在阅读神经通路的使用上也可能存在差异。具体而言，汉语母语者可能会更多使用左侧额中回进行语音提取，而英语母语者可能会更多使用左侧额下回和颞顶区域进行语音拼读。

基于此，Mei等人2015年采用人工语言训练的范式，通过比较汉语母语者和英语母语者学习同一种拼音文字和图形文字时的学习效率和大脑活动，揭示母语经验对第二语言阅读加工的影响。结果显示，在训练的初始阶段，英语母语者在学习两种文字时的学习效率都比汉语母语者的学习效率高，而在训练的后期，两组被试没有显著差异。在学习语义提取方面，两组被试在训练过程中一直没有表现出差异。

先前的研究从认知和神经上都发现母语经验会显著影响个体第二语言的加工方式。换句话说，个体在学习和加工第二语言时，可能采用母语加工的方式。Mei等人2015年的研究发现，与汉语母语者相比，英语母语者学习拼音文字的速度更快。这一结果可能反映了长期的语音拼读经验使得英语母语者能够更加有效地学习拼音文字。然而，该研究并没有观察到汉语母语者在图形文字的语音学习中表现出优势。这可能是因为英语本身并不是一种浅正字法的语言，因而在英语加工中，个体也会较多地依赖于直接记忆的策略。因此，以浅正字法的母语者（如意大利人）为被试可能会提供更加清晰的结果。

在神经机制方面，对感兴趣区域的分析发现，相对于汉语母语者，英语母语者在语音拼读时左侧缘上回的激活更强；而相对于英语母语者，汉语母语者在语音提取时左侧颞中回的激活更强。以上结果证实，母语经验在神经机制上的确可以影响语音提取和语音拼读。也就是说，长期的拼音文字阅读经验使得英语母语者在加工新近习得的拼音文字时更依赖于语音拼读通路；而长期的图形文字阅读经验使得汉语母语者在加工新习得的图形文字时更依赖于语音提取通路。

阅读的双加工模型为人们理解母语和第二语言阅读的关系提供了很好的思路。但是，双语阅读是一个非常复杂的过程，涉及许多问题。例如，阅读者什么情况下会使用同化的过程，什么情况下又会使用顺应的过程？以往研究反映出汉语母语者阅读第二语言时似乎更倾向于使用同化的过程，而英语母语者刚好相反，这体现了语言特征对这两种过程的影响：汉语作为图形文字由于其复杂的视觉特点，可能需要第二语言阅读者去顺应；而作为拼读文字的英语允许第二语言阅读者使用母语加工的神经机制来进行同化。但这个说法需要进一步的实验来证实。另外，双语阅读还受到其他很多因素的影响。如，第二语言的熟练程度、习得年龄以及双语切换能力，这些因素会带来除了母语和第二语言阅读神经网络之外的其他机制，还需要人们进行更多的研究和思考。

第七章　语言学习的个体差异

第一节　语言各成分学习的个体差异

语言是人脑的高级功能之一，随着人类社会的产生而产生。语言学习需要经过多年的专门学习和系统训练，这一过程也带来了语言学习的显著个体差异。如有人可以快速有效地学会多种语言，但是有人却存在语言学习困难（如阅读障碍）。大体可以把语言学习的个体差异分为两类：障碍群体和正常群体之间的差异，以及正常群体内部的个体差异。对于语言学习障碍的探讨有利于人们理解语言学习的过程。对于正常群体内部语言学习个体差异的研究能够对不同个体未来的语言学习起到预测作用，同时可以发现这种差异存在的原因，有利于采取一定的措施来提高正常个体的语言学习能力以及解决学习障碍个体的学习困难。长期以来，认知神经科学研究致力于探讨个体语言加工各成分对应的大脑功能区，并取得了重要的进展。比如，Cohen 和 Dehaene 2004 年的研究发现，左侧梭状回中部和字形加工有关，Paulesu 等人 2000 年的研究发现，左侧颞上回后部和语音加工有关，以及 Frost 等人 2005 年的研究发现，左侧颞中回和角回负责语义加工。

一、字形学习的个体差异

语言学习中一个很重要的阶段是对字形的学习，学习者首先要对学习材料进行视觉特征分析，视觉特征被转化为抽象的形式，从而便于存储在记忆中。McCandliss等人2003年提出的“视觉专家化”假设认为，左侧梭状回是由于长期的语言经验形成的文字阅读专门化脑区。现代的功能磁共振研究证实了左侧梭状回在各种语言、各种阅读任务中的激活。此外，梭状回的激活程度还受到阅读水平的影响，随着阅读水平的提高，左侧梭状回的激活上升。而且，这种特异化的脑区在新语言的学习过程中同样起作用。如Xue等人2006年的研究发现，学习前阅读新语言字形时大脑梭状回越是左侧化的被试，新语言将来的字形学习成绩越好。不仅如此，Tan等人2011年的研究发现，大脑左侧尾状核和梭状回的激活程度能够预测第二语言的学习效果。

另外，语言学习的性别差异也是研究者广泛关注的问题。Frith和Vargha-Khadem 2001年的研究发现，左侧大脑的局部损伤会影响男性的阅读能力，但对女性的阅读能力却没有影响。Chen等人2007年以健康成人为被试的人工语言字形训练研究表明，男性和女性并没有表现出学习效果的差异。然而行为上的一致性并不代表两者具有相同的神经基础。Kansaku等人2000年以及Shaywitz等人1995年的研究表明，阅读中大脑活动存在性别差异，男性主要表现出左侧化，而女性表现出双侧化的激活模式。与此一致，Chen等人2007年的研究发现，学习前梭状回激活的左侧化能够预测男性字形学习的效果，而学习前梭状回激活的双侧化能够预测女性字形学习的效果。此外，Dong等人2008年的研究进一步发现学习前梭状回激活的左侧化能够预测男性6个月后的字形学习效果。

二、语音学习的个体差异

与字形学习不同的是，语音学习是通过听觉输入的，语音学习的个体差异可能涉及不同的神经机制。Mei等人2008年关于人工语言学习的研究表明，学习前语音任务加工时大脑左侧颞中回和颞上沟激活越强、右侧额下回激活越弱的被试，两周后的语音学习效果越好。不仅如此，外语音节模式的训练研究发现，与训练前相比，训练后成绩较好的被试左侧颞上回后部的激活较强，成绩较差的被试右侧颞上回后部、右侧额下回、前额叶以及额叶中部区域的激活较强。更重要的是，训练前两组被试在神经模式上就存在差异。如Wong等人2007年的研究发现，学习较好的被试颞上回区域的活动较强；Wong等人2008年的研究发现，学习较差的被试左侧颞横回区域的灰质体积较小；Golestani等人2002年以及Golestani等人2007年的研究发现，学习较快的被试左侧顶叶、左侧颞横区域的白质体积较大。由此可见，语音训练不仅可以改变被试的行为表现，而且在神经层面也引起了变化。Wang等人2003年对美国被试进行的汉语声调训练研究发现，行为成绩与左侧颞上回区域激活程度呈正相关关系。

三、语义学习的个体差异

语义系统在人类的各种认知加工过程中均起到至关重要的作用，包括语言学习、物体再认、物体的使用和推理等。近年来，神经影像学和神经心理学基于语义加工神经机制的研究表明，大脑颞叶、腹侧颞叶皮层、下顶叶、额中回和额下回、内侧前额叶皮层以及扣带回后部都与语义的加工有关。Wei等人2012年所做的静息态功能磁共振研究发现，左侧颞中回的信号强度与语义加工效率的个体差异有关，该区域与左侧额下回、双侧前颞叶、双侧内侧颞叶、扣带回后部以及腹内侧和背内侧前额叶皮层的功能连接强度能够预测语义加工的效果。此外，Han等人2013年对大脑结构白质的弥散张量成像的研究发现，左下额枕束、左丘脑前辐射、左钩束的各向异性值与语义加工任务的效果有关。

四、不同文字系统下语言学习的个体差异

语言加工包含多个认知成分和加工过程，涉及一个广泛的神经网络。而不同的语言在视觉特征、构造规则、句法、语音等方面千差万别，这些差异对语言的习得产生了重要的影响。文字系统间的差异会在大脑活动上有所反映，因为不同的文字系统可能使用不同的脑区进行加工，以满足不同文字系统加工的特殊要求。

目前已有研究揭示了不同文字系统下的语言学习能力在神经机制上的差异。Zhang等人2014年采用大脑结构白质纤维追踪研究发现，无论是汉语还是英语的阅读能力都与左侧阅读有关脑区的FA值有关，如与语音加工有关的是放射冠、胼胝体及上纵束，与语义加工有关的是腹侧钩束、外囊及下额枕束；但位于上纵束中左侧颞叶部分的FA值对英语阅读能力的影响大于汉语。此外，Zhang等人2014年以中英双语者为被试的研究发现，左侧梭状回中部的皮层厚度不仅与汉语的阅读能力有关，也与英语的阅读能力有关。静息态功能连接研究发现大脑视觉分析区域与语音加工脑区的静息功能连接越强，被试汉语和英语的阅读能力越强。然而，Qiu等人2008年同样以中英双语者为被试的研究发现，左侧内囊前肢的FA值与汉语阅读能力有关，而双侧放射冠的FA值与英语阅读能力有关。除此之外，薛红莉等人2017年

采用经颅直流电刺激（Transcranial Direct Current Stimulation，简称tDCS）技术考察人工语言训练的研究发现，正极tDCS作用大脑左侧颞顶皮层能够促进拼音文字的学习，而对图形文字的学习则没有影响。因此，不同文字系统下的语言学习在神经机制上具有差异性。

第二节　语言学习个体差异的神经机制

语言学习的差异不但体现在行为水平上，也体现在神经机制上。Xiong等人1998年的研究发现，无论是在阅读的行为表现上，如阅读速度和正确性，还是在阅读的神经机制上均存在不可忽略的个体差异，这种差异在学习和加工新语言的过程中尤为明显。一个重要的问题是，人们在阅读过程中个体差异的神经机制是怎样的？近年来磁共振技术的进步为探讨阅读能力个体差异提供了多种手段。利用这些手段，研究者们不仅能探讨传统任务状态下脑激活强度与阅读能力个体差异的关系，同时开始探讨脑灰质结构、脑白质结构与阅读能力个体差异的关系，以及多个脑区（皮层）功能连接与阅读能力个体差异的关系。本部分将对各种脑成像技术下取得的脑功能与阅读能力关系的研究进行讨论。

一、脑功能与阅读能力个体差异

对于脑激活强度与阅读能力个体差异的关系，早期研究通过对阅读障碍者与正常人脑激活强度的比较已经得出一些结论。Shaywitz等人1998年的研究发现，与正常人相比，阅读障碍者阅读时相关脑区存在激活异常。比较发现阅读障碍者在左侧颞顶区域的激活显著低于正常被试，而在大脑前部的有些皮层却出现了过度激活（高于正常被试，这可能体现了对阅读相关脑区激活不足的补偿作用）。后来的研究也一致发现了阅读障碍者阅读过程中左侧颞顶、颞枕以及额下区域的激活异常。

在正常被试身上，研究者们发现，阅读相关脑区的激活强度与阅读能力存在正相关关系，而无关的脑区激活强度存在负相关关系。Turkeltaub等人2003年以6—22岁正常阅读者为被试的研究发现，被试大脑左侧阅读相关脑区（颞中、额下皮层）的激活强度与阅读能力有关。另一个激活强度跟阅读能力有关的脑区是左侧颞枕区域，Schlaggar和McCandliss 2007年的综述文章详细阐述了这个脑区的激活强度跟阅读能力的关系。研究者们发现，阅读者的脑激活强度甚至可以预测将来的阅读能力。例如，McNorgan等人2011年的一项包括26名9—15岁正常阅读者的研究发现，年龄偏小的被试阅读时与语音编码有关的脑区（如额下回、基底节）的激活程度与6年后的阅读能力呈正相关关系；而年龄偏大的被试阅读中视觉分析区域（如颞枕区域的梭状回）的激活程度与6年后的阅读能力呈正相关关系。同时，不同的阅读成分和年龄的脑激活程度与阅读能力的关系表现又有所不同。目前并没有一个完整的模型来解释这些复杂的关系。

目前关于正常被试阅读母语时脑激活强度与阅读能力关系的研究并不是很多，尤其是关于成年被试的。这可能是因为正常成年被试在阅读时个体之间大脑激活强度差异不大，很难得到脑激活强度与阅读能力关系的显著效应。后来很多研究者开始探讨被试阅读非母语时脑激活强度与这种语言学习效果的关系。与直接探讨母语阅读时脑激活强度与阅读能力相关关系的研究相比，这类研究一是可以更加明确脑激活强度与阅读能力的因果关系；二是弥补了母语阅读时个体间大脑激活差异不明显的问题。

已有研究不仅关注学习前大脑激活情况与习得这种语言阅读能力

的关系，还探讨了习得新语言后对大脑的塑造情况与习得这种语言阅读能力的关系。Breitenstein 等人 2005 年的新语言语义学习研究发现，学习前后左侧梭状回、海马和顶下皮层变化越小，也就是学习后的重复抑制效应越小，学习效果越好。Wong 等人 2007 年的研究发现，在新语言的语音学习后，左侧颞上区域激活增强越多的被试语音学习效果越好，而右侧颞上和额下皮层激活增强越多的被试学习效果越差。如前所述，左侧颞上皮层是阅读中与语音加工有关的脑区。由此可见，阅读中相关脑区的活动越强，阅读学习的效果就越好，而那些使用补偿脑区（如大脑右侧的一些脑区）的被试，效果较差。

如上所述，大量研究已经探讨了脑激活强度与阅读强度能力的关系。阅读相关脑区的激活强度与阅读能力的关系在阅读障碍者和正常被试身上都已经得到证实。通过实验室控制下的新语言学习前或者学习后阅读这种语言时脑激活强度与这种语言阅读能力的关系，研究者们能进一步探讨是先天脑激活强度决定后来的阅读能力还是后天的阅读塑造了脑激活程度。

采用脑功能成像的方法揭示阅读能力的个体差异具有非常明显的优势，这些大脑活动直接反映了阅读加工过程。但采用任务态脑成像的一个重大挑战是，大脑激活水平的差异可能仅仅反映了不同认知过程的差异，而不是大脑功能的差异。一方面，由于个体阅读能力的差异，相同的阅读任务可能带来任务难度的差异。如果难度太大，有些个体无法完成该任务，就会导致个体放弃加工或者使用猜测的方式，从而导致不同认知过程的参与和激活模式的差异。为了减少这种情况对激活模式的影响，在分析中一般需要排除错误的材料。另一方面，任务难度的差异还反映在加工时间以及大脑参与时间的差异上。为了克服这个影响，往往需要控制反应时间。但这些统计的方法并不能解决反应时和大脑活动的非线性关系问题。更重要的是，如果个体采用不同的认知加工策略或者一些补偿的机制，情况就更加复杂。为了避免这些影响，研究者往往采用非常简单的阅读任务来减少任务表现对大脑激活的影响。近年来，研究者开始考察非任务状态下大脑结构和静息态功能活动的差异与阅读能力之间的关系。

二、脑灰质结构与阅读能力个体差异

同任务状态相比，采用非任务状态下的脑结构数据考察阅读能力个体差异的神经机制具有明显的优势。例如，测量数据不受任务的影响，可以采用自动化的分析技术，从而方便进行大样本的研究，并提高研究的效率和结果的可靠性。脑结构的研究通常考察灰质和白质的结构。其中，灰质是中枢神经系统中大量神经元聚集的部位，能够对信息进行深入处理；白质由神经元的轴突组成，本身不具有处理信息的功能，白质一般在不同灰质之间或者灰质与外周器官之间传递信息，协调脑区之间的正常运作。对于大脑结构灰质的研究通常以皮层厚度和灰质密度（或体积）为测量指标，采用的方法为基于体素的形态学测量（Voxel-Based Morphometry，简称VBM）。VBM是一种在体素水平对脑结构影像进行分析的技术，通过计算某区域灰质、白质体积和密度的改变，进而显示脑组织形态变化。

随着研究深入，研究者们开始探讨大脑灰质皮层结构与阅读能力的关系。利用VBM的方法，Mechelli等人2004年首次揭示了第二语言阅读对大脑的可塑性。在该项研究中，他们挑选了25名单语者、25名早期双语者和33名晚期双语者，早期双语者在5岁前就开始学习第二语言，而晚期双语者在10—15岁时学习第二语言。结果发现，双语者比单语者在左侧顶下区域的皮层灰质密度更大，并且早期双语者比晚期双语者效应更大。他们进一步测查了其中22名母语为英语、第二语言为意大利语，以及第二语言学习时间是2～4年的双语被试，结果发现，顶下皮层的灰质密度与第二语言熟练度呈显著正相关关系，而与第二语言习得年龄呈显著负相关关系，这说明第二语言习得年龄越小和越熟练的双语者顶下区域的灰质密度越大。继Mechelli等人的发现之后，Lee等人2007年、Richardson等人2010年以及Grogan等人2012年的研究都发现了颞顶区域的灰质皮层结构在阅读中的作用，这个区域的灰质皮层密度（或体积）被发现与阅读中的词汇知识以及语义加工呈显著正相关关系。除了第二语言学习，Siok等人2008年的研究还发现，母语（汉语）阅读和书写有关的脑区（左侧额中回）的灰质体积与中文的阅读能力有关。

还有研究探讨了灰质皮层厚度与阅读能力的关系。如Blackmon等人2010年研究了60名被试不规则词汇的阅读能力与大脑皮层厚度的关系。不规则词汇在阅读中不依靠形音转换规则。然而，与预期不符的是，研究者们发现负责形音转换的区域（如颞顶区域）的皮层厚度与不规则词汇的阅读能力显著正相关，另外的一些经典阅读区域，如左侧额下回、梭状回等的皮层厚度与不规则词汇的阅读能力显著负相关。这项研究提示，阅读能力与灰质结构可能存在比较复杂的关系，而不是前面研究中发现的相关脑区灰质密度越大、体积越大，阅读能力就越强。不过，这项研究中被试的年龄跨度很大，虽然研究者把年龄作为协变量进行了控制，但是大脑发育情况可能还是一个影响最后结论的关键因素。Welcome等人2011年的研究发现，大学生被试中语音解码能力越差者，其颞顶区域皮层厚度左侧化越低，而文本理解能力越差的被试，其右侧额叶的皮层厚度越低。除此之外，Zhang等人2014年的研究还发现，左侧梭状回中部的皮层厚度不仅与母语（表义文字）的阅读能力有关，也与第二语言（表音文字）的阅读成绩呈正相关关系，说明大脑灰质结构在不同语言的阅读能力中都起到了重要作用。

上述研究主要采用单个阅读任务来定义个体的阅读能力。但阅读是一个复杂的过程，并包含多个不同的成分，单个任务往往无法涵盖所有的成分，也无法对各个成分进行准确区分。He等人在2013年挑选416个大学生为被试，采用7个阅读任务系统，研究内容为阅读能力的三个成分：语音解码、形音连接和阅读速度。他们进一步采用多变量模式分析（Multivariate Pattern Analysis，简称MVPA）的方法探讨了其中253名被试的大脑灰质体积和阅读能力各个子成分之间的关系。结果发现，左侧上顶叶延伸到缘上回的灰质体积与语音解码有关，海马和小脑的灰质体积能够预测形音连接的成绩，大脑枕叶、颞叶、顶叶以及额叶皮层的灰质体积与阅读速度存在相关关系；同时，语音解码和形音连接独立于一般的认知能力，如智力、记忆和加工速度，而阅读速度与智力以及加工速度存在一定相关关系。

三、脑白质结构与阅读能力个体差异

阅读的完成需要大脑多个区域的协同活动，而白质纤维的连接在其中起到重要作用。研究者主要采用弥散张量成像技术来考察白质的特性。目前有许多量化的参数可以描述白质的弥散张量，其中各向异性能很好地反映白质纤维束连接的有效性（FA值越大，白质纤维连接越有效），从而在认知神经科学研究中得到广泛使用。

以往研究探讨了阅读能力与大脑白质结构之间的关系。Golestani等人2002年和2007年的研究考察了学习新的言语声音过程中存在的个体差异与白质结构的关系。在2002年的研究中，他们对59名没有韩语经验的被试学习韩语中的齿音和卷舌音后进行判别。采用VBM方法，他们对比了其中10名成绩最好的和最差的被试的白质结构。

结果发现，成绩好的被试比差的被试顶叶区域的白质更多，左侧化程度更大。这个小组2007年还对外语语调学习中存在的个体差异现象进行了研究。在母语为英语、没有音调经验的被试学习音调后，对行为成绩好和成绩差的被试大脑白质进行比较，结果发现，成绩好的被试比差的被试在左侧脑岛和前额叶皮层以及双侧顶下区域白质密度大。Klingberg等人2000年第一次考察了部分各向异性与阅读能力的关系，结果发现阅读能力强的被试双侧颞顶区域的FA值更高。Vandermosten等人2012年的研究发现，下额枕束和下纵束的FA值与阅读能力有关。

有关白质纤维束的连接与阅读能力关系的证据大都来自小样本阅读障碍者与正常人的比较。Lebel等人2013年针对正常群体的大样本研究发现，大脑双侧区域尤其是额叶、顶叶以及颞叶之间连接的FA值与阅读能力呈正相关关系。Qiu和Khong 2008年的研究比较了表音文字和表义文字的阅读能力与大脑白质连接的关系。该研究在同一批被试身上比较了母语为中文和第二语言为英语的阅读能力，结果发现，左侧内囊前肢的弥散值与中文阅读能力有关，双侧放射冠的弥散值与英语阅读能力有关。

四、脑功能连接与阅读能力个体差异

除了大脑的白质纤维连接，大脑的功能连接强度也是阅读能力的有效神经指标。有多个指标可以考察大脑多个脑区协同活动的情况，包括任务状态下的功能连接（不带方向性）、有效连接（带方向性）以及非任务状态下的静息态功能连接等。其中，独立成分分析（Independent Component Analysis，简称ICA）和主成分分析（Principle Component Analysis，简称PCA）是常见的全脑功能连接分析方法。与功能连接不同的是，有效连接探讨的是一个神经系统对其他神经系统的影响，方法包括结构方程模型（Structural Equation Modeling，简称SEM）、结构因果模型（Structural Causal Modeling，简称SCM）、动态因果模型（Dynamic Causal Modeling，简称DCM）等。上述方法也可以分析非任务状态下的静息态脑功能连接。

早期研究主要是对比正常被试和阅读障碍者阅读过程中的脑功能连接。前文已经综述了阅读中的三个重要脑区，即左侧的额下、颞顶和颞枕皮层。Quaglino等人2008年的研究发现，阅读障碍儿童脑功能连接的异常表现在左侧颞顶和额下皮层，而在左侧颞枕和额下皮层的功能连接保持正常。而Vander Mark等人2011年的研究却发现了关于阅读障碍儿童颞枕的视觉字形识别区域（VWFA）与左侧额下和顶下皮层连接的异常。两个研究结果的差异可能有两方面的原因：一是他们选取的左侧颞枕皮层的位置不一致，后者只是选取了字形识别区的一小块区域，而前者选取了颞枕区域。二是阅读障碍的甄别标准有区别，前者甄别出来的阅读障碍者是语音拼读障碍，而后者不仅有语音拼读障碍者，还有字形识别障碍者。虽然不同研究中阅读障碍者功能连接异常的脑区并不完全一致，但总体来说，从阅读障碍被试的研究可以推断出阅读能力的低下与阅读相关脑区功能连接异常有关。

目前关于正常被试阅读能力跟脑功能连接关系的研究并不多。Hampson等人2006年首次发现阅读中左侧颞顶角回（BA39）与布洛卡区的连接强度也是正常被试阅读能力的有效神经指标：阅读能力强的被试这两个区域的连接强度显著高于阅读能力弱的被试。可能正常被试阅读过程相关脑区功能连接的变化并不大，让研究者难以得到功能连接与阅读能力的关系。

研究者们还关注到静息状态下阅读相关脑区的连接与阅读能力的关系。Koyama等人2011年挑选了25名儿童被试和25名成人被试，考察其阅读能力与静息状态下功能连接的关系。结果发现，在两组被试身上，左侧中央前回和其他运动区的静息功能连接、布洛卡区和威尔尼克区的静息功能连接都跟阅读能力显著正相关。这说明无论是什么年龄的被试，运动区之间以及言语区之间的静息功能连接的强度都能提高阅读能力。同时还发现，在成人被试身上，左侧视觉字形区与布洛卡区和顶下区域的静息功能连接与阅读能力显著正相关，左侧视觉字形区与默认网络的静息功能连接与阅读能力显著负相关，而在儿童被试身上没有这种关系。这说明左侧视觉字形区与其他脑区的静息功能连接对阅读的促进作用是从儿童到成人阅读过程中发展起来的。总体说来，Koyama等人首次揭示了静息功能连接是阅读能力的有效神经指标，同时这个神经指标具有一定的发展性。

综上，利用fMRI技术，研究者们发现有多个神经活动指标，包括任务状态下脑激活强度与功能连接，以及非任务状态下脑灰质结构、白质结构以及静息态功能连接，均与阅读能力相关。这些研究大大加深了人们对阅读能力及其个体差异的认知神经机制的认识。但是上述研究主要是基于相关的分析，因此不能为阅读能力的个体差异提供因果解释。由于大脑可塑性的存在，这些结果可能反映了大脑先前的结构和功能对阅读能力的制约，也可能反映了不同阅读过程对大脑结构和功能的塑造，以及两者的相互作用。

第三节　语言学习个体差异的影响因素

语言学习是一项复杂的任务，既需要具备完整的遗传素质，又需要后天环境的支持和个人的努力。个体差异普遍存在于人类语言加工之中，有必要对其影响因素进行更深一步的探讨。理解语言学习个体差异的影响因素，有助于深入了解语言系统的工作原理，并对如何提高语言学习的效率有一定的启发。

一、遗传因素

大量的语言遗传学研究表明，语言习得率和语言熟练程度在很大程度上是由遗传因素决定的。一些经典的双生子研究发现，语言学习的各种成分存在不同程度的遗传度，如词汇阅读为0.3～0.6，词汇拼写为0.47～0.72，语音意识为0.19～0.83，快速命名为0.60～0.77。年龄与遗传相关性不统一可能是导致上述结果差异的原因。模型拟合显示，语言遗传性方面存在显著的年龄特异性和年级特异性。

对于第二语言或外语学习，针对儿童、青少年的双生子研究表明，存在中度到高度的遗传性（0.42～0.72）。Rimfeld等人2015年研究发现，即使母语不同，第二语言的学习也显示出很高的遗传性（0.36～0.62）。Rice等人2018年以年幼儿童为被试，计算出6岁儿童的遗传力估计值为0.44～0.92，其中语法的最高估计值为0.92，4—6岁时遗传力增加。

分子遗传学已经开始研究与语言和语言技能有关的基因。Lai等人2001年在KE家族的多代中发现了FOXP2基因突变导致的言语失用症，以及表达和接受性语言障碍。然而，这并不是唯一一种与这种疾病有关的基因，在其他家庭和有类似语言问题的儿童中发现了不同的基因突变，如ERC1和BCL11A。大量有关阅读障碍、计算障碍、特定语言障碍和原发性进行性失语症的研究，揭示了与语言有关的基因，如 CNTNAP2、 ROBO1、 KIAA0319、 ATP2C2、 DCDC2、 DNAAF4/DYX1C1、DIP2A、CYP19A1和KIA00319L等。Unger等人2021年的研究考察了语言障碍有关基因在语言神经网络中的作用。结果发现，ATP2C2基因在布洛卡区表达上调，DNAAF4和FOXP2基因在威尔尼克区表达上调，表明上述基因在语言神经网络上有其特定表达，从而在语言加工方面发挥作用。

正常群体方面，有研究考察了语言障碍候选基因与成年后期阅读的关联。结果发现，阅读技能指数与语言障碍候选基因集整体相关，其中最强的个体基因支持来自DYX1C1、DIP2A、CYP19A1和KIA00319L基因。目前研究主要集中在语言障碍方面，因此，还需要进一步研究语言障碍相关基因的多态性对正常群体语言的影响及其神经机制。

二、环境因素

遗传因素为个体的语言学习提供了可能，而环境因素能够决定基因的表达，从而决定个体语言学习最终取得的成绩。语言学习需要逐步进行，通常发育中的儿童至少需要4年才能习得流利的语言。学习任何一种语言都是一个复杂的过程，不可避免地受到环境的影响，其中家庭环境、语言环境等都可能会对语言学习造成影响。

家庭关系、沟通方式及家庭氛围对儿童的语言发展产生重要影响。民主平等、温暖和谐的家庭关系及开放畅通、丰富多样的沟通方式能激发儿童语言交流的欲望，同时，愉快融洽的家庭氛围也能让儿童说话时更有信心，对其语言的发展大有帮助。相反，不融洽的家庭关系、不良的交流方式和消极的心理气氛会使儿童不乐于沟通交流。这不仅影响儿童的身心健康，还妨碍其语言发展。

在第二语言的学习过程中，语言环境一直被认为是其重要影响因素之一。由于第二语言学习是在自然或有目的性的教学环境中学习一种新语言的有意或无意的过程，因此语言环境对第二语言学习者尤为重要。它不仅可以提供丰富的语料库，而且可以提供语言表达的场所。语言学家将语言环境分为两种类型：正式的语言环境和非正式的语言环境。正式的语言环境是学习者在学校环境中熟练掌握语言的地方。许多人认为，正式的语言环境是第二语言学习的一个重要因素，因为它是基于课堂的，具有高度的结构性。相比之下，非正式语言环境是指学习者在课堂环境之外有效习得语言的环境，如在家庭或社会中接触到第二语言的环境。Rogers 2007年的研究认为，非正式的语言环境没有固定的结构形式，但是它可以体现语言学习的各个方面。以往研究认为，非正式的语言环境对于语言技能的获得是必不可少的，因为第二语言的学习可能发生在课堂之外，如学习者的互动、阅读第二语言杂志和信息、接触各种视听节目等。

三、个体特征

认知能力在语言学习的不同阶段得到发展并发挥作用。由于婴儿在出生前就有听力，因此，婴儿对声音和音调的不匹配反应并不奇怪。有趣的是，即使在这个早期阶段，研究者也观察到了轻微的个体差异。1岁的婴儿已经被证明在视觉和听觉方面具有工作记忆，但仍然显示出明显的个体差异。个体的工作记忆越高，他们在单位时间内所存储的语言信息量就越大。另外，Kwakkel等人2021年的研究证实了持续注意、行为自我调节和短时记忆等执行功能在母语和第二语言语音意识中的重要性。

长期以来，语言学习领域的研究者试图捕捉和语言学习有关的能力。从卡罗尔的开创性工作到现代语言能力测试（Modern Language Aptitude Test，简称MLAT），语言能力一直被视为一种复杂的特定技能，包括语言分析能力、语音编码能力、机械记忆和工作记忆，均参与第二语言或外语的学习。卡罗尔认为具有优势语言能力的儿童和青少年会特别有动力去学习外语，因为他们不需要付出大量努力就能取得一定的进步。Li在2014年的元分析研究发现，语言能力与第二语言的整体学习成绩有关。后续的许多研究均证实了语言能力在第二语言学习中的作用。

以往研究表明，语言的神经回路是由先前的语言学习经验塑造的，即任何形式的学习经验都可能直接或间接地影响未来的学习情况。在行为上，母语学习困难、阅读缺陷以及焦虑、负面反馈和动机强度的丧失，都会对未来的外语学习产生负面影响。因此，语言经验的质量会对第二语言学习产生影响。在神经上，Li等人2019年以及Qu等人2019年对双语阅读的研究发现，在阅读网络中，高熟练者比低熟练者第二语言和母语的神经激活模式更相似。另外，Wang等人2022年的研究表明，母语不同的双语者，即使达到了相同的第二语言学习效果，神经激活模式仍受到母语特征的影响。习得年龄（Age of Acquisition，简称AoA）指学习者初次接触某词并理解其语义的年龄，会影响阅读和记忆单词的速度和准确性，即早期习得词比晚期习得词更具加工优势。Mechelli等人2004年的研究表明，第二语言AoA越小，学习水平越高。在神经层面，Ou等人2020年对比了5岁前、5—10岁、10岁后学习第二语言的汉英双语者。结果表明，第二语言AoA越小，与双语句子理解有关的脑激活特点差异越大；较晚习得第二语言的双语者加工第二语言和母语的神经活动更为相似，提示晚期双语者可能更多采用母语的大脑神经网络来加工第二语言，而在发展出第二语言要求的认知神经加工模式上可能存在困难。

总体来说，基因影响学习效率和认知能力，而环境因素、学习经验对基因的表达也有影响。认知因素可能是语言能力的核心成分，也是母语习得的必要先决条件，而长期习得的母语经验又进一步影响外语的学习。Faretta-Stutenberg和Morgan-Short 2018年的研究证实，认知因素对第二语言学习的预测作用受到学习环境的调节。因此，还需要更多地研究探讨与语言学习个体差异有关的遗传、环境和个体特征等因素的相互作用。

第八章　语言学习的促进方法

第一节　行为训练方法

有关语言学习的认知神经机制的基础研究为语言学习的促进以及语言障碍的干预提供了科学依据，而后者通过操控对语言学习中的某个认知神经过程，为人们认识语言学习的认知神经机制提供了理论依据。本部分研究主要包括学习策略方面的操控和干预以及语言加工技能的训练。

一、追踪研究

对于阅读能力的行为追踪研究发现，儿童早期的语音意识、快速阅读和语素意识能够预测后期的阅读能力。有研究发现，相对于行为指标，结合脑的神经指标对阅读能力的预测作用更有效。Hoeft等人2007年分别采用被试学年初的行为数据、脑结构和功能成像数据以及行为和脑数据的结合来预测被试学年末的阅读成绩。结果表明，整合了行为数据和脑成像数据的综合模型，比只包含行为数据以及只包含脑成像数据的模型，具有更好的预测效度。Hoeft等人2011年进一步开展的追踪研究发现，所有初期的行为测量（包括一些常用的标准化测验），都不能预测两年半后阅读障碍儿童的阅读能力；而结合fMRI与DTI两个脑测量指标的多变量模型，可以正确预测（正确率为72%）阅读障碍儿童两年半后的阅读能力；语音加工中全脑激活的多变量模型对阅读障碍儿童两年半后阅读能力的预测，能够达到90%以上的正确率。一般对阅读障碍进行确诊要等到三四年级，但利用脑的神经指标可以实现早期预测。Molfese 2000年的研究发现，利用儿童出生时对言语刺激和非言语刺激反应的脑电指标，可以成功预测8岁时哪些儿童将成为正常阅读者，哪些儿童阅读能力较差，哪些儿童会有阅读障碍。

此外，McNorgan等人在2011年对不同年龄段（9—15岁）儿童的追踪研究发现，在年龄偏小组，与语音编码有关的脑区（如额下回、基底节）的激活越强，6年后的阅读能力越好；而在年龄偏大组，视觉分析区域（如颞枕梭状回）的激活越强，6年后的阅读能力越好。这些结果说明，在不同的发展阶段，决定阅读能力的神经机制不同。

可以看出，追踪研究能够有效地揭示影响阅读能力的重要因素，并实现阅读能力的早期预测，为早期干预提供了可能。但追踪研究需要持续较长时间，也带来了一些困难，包括样本维护和流失，影响因素多而且测量困难，脑功能成像仪器的更新或老化等导致误差等。为了克服追踪研究的困难，一些研究者采用训练研究的方法探讨了提高语言学习的方法。

二、训练研究

训练研究可以严格控制语言学习的经验和学习方法，并在相对较短的时间内达到较高的熟练水平。特别是采用人工语言的训练，能够很好地分离学习阅读的不同成分，从而揭示阅读能力不同方面的神经机制。

增加相应成分的训练能够提高语言学习的不同方面。如 Apel 和 Werfel 2014 年的研究发现，增加语素意识训练能够提高儿童的语言书写技能；Brady 等人 1994 年、Schneider 等人和 Kuspert 1999 年以及 Smith 等人 1998 年的研究发现，增加语音意识训练不仅能提高正常儿童的阅读技能，还可以提高阅读困难儿童的阅读和拼写成绩及言语产出；Carretti 等人 2014 年的研究发现，相对于听觉理解训练，增加对视觉材料理解的训练能够显著提高阅读理解的成绩。此外，Davis 等人 2011 年的研究发现，对于不同的训练方案，不同的个体有不同的反应，采用脑成像技术能够有效地识别出被试对哪种训练方案敏感，因此，将行为训练和脑成像技术相结合，可以开发基于脑的语言学习训练方案，有助于设计出个性化的学习干预方案。

在学习过程中增加对学习材料的提取能够提高记忆成绩。如 Karpicke 和 Roediger 2008 年的研究发现，在学习过程中增加测试能够提高学习材料的长时记忆效果。另外，快速匹配是词汇学习过程中一种非常重要的部分，也有研究者认为它代表了一种快速习得单词表征的能力。Lederberg 等人 2000 年的研究发现，这一能力对众多群体（如正常成人、盲人、自闭症儿童）的词汇学习具有预测作用。有趣的是，快速匹配能力在不同的学习材料之间具有一定的迁移性。Gershkoff-Stowe 和 Hahn 2007 年对儿童的长期追踪研究发现，通过学习一组新词能够促进后来学习另外一组新词的快速匹配过程。

Turker 和 Reiterer 2021 年的研究发现，音乐训练能够影响神经水平和认知水平上的语言学习。大量研究表明，音乐训练可以提高语音感知、语言技能和高水平的认知处理。从神经学的角度来看，语言和音乐的学习都激活了一系列涉及运动、听觉、视觉和记忆相关机制的大脑网络。音乐训练促进语言学习的神经机制主要表现在两个方面：

一方面，音乐训练通过影响皮层下基本听觉神经通路与大脑皮层听觉相关的加工和调控脑区，导致更强的脑干反应，增强前注意水平的语音感知能力；另一方面，更快、更强、双侧更同步的大脑激活反应，相关区域间更强的连接，如双侧颞顶叶区之间的功能连接、听觉-运动区域之间的功能连接，促进语音编码，强化语言加工的听觉-运动整合功能。另外，Järvelä 2018年的基因组研究表明，与音乐天赋相关的基因与听觉感知、认知表现、记忆和语言习得之间具有联系。语言和音乐相互影响，这可能是通过听觉和精细的运动能力，构成语言-音乐的总体复合形式。无论如何，都可以预期这两个领域在神经心理学水平上有很强的关联性，这一假设已经被许多研究所证实。

Wong等人2007年通过训练被试学习外语音节模式的研究发现，与训练前相比，训练后学习较好的被试在左侧颞上后部的激活较强，学习较差的被试在右侧颞上后部、右侧额下回、前额叶以及额叶中部区域的激活较强。更重要的是，Wong等人2008年的研究还发现，训练前两组被试在神经活动上就存在差异，学习较好的被试在颞上回区域有较强的活动，同时音节学习较差的被试在左侧颞横回的灰质体积较小 。此外，Golestani等人2002年和2007年的外语语音训练研究发现，学习较快的被试在左侧顶叶、左侧颞横区域的白质体积较大。

采用人工语言训练的范式，Aravena等人2013年的研究比较了阅读障碍者和非阅读障碍者在学习语音和字形之间连接上的差异，发现阅读障碍者因字母组合能力的缺陷导致学习能力较差。在正常群体方面，Xue等人2006年考察了在学习新的人工语言之前，被试阅读新语言的大脑激活与阅读能力的关系。结果发现，学习前阅读新语言时大脑梭状回左侧化程度越高的被试，新语言的字形学习成绩越好。可以看出，采用人工语言训练的方式可以有效地揭示阅读能力的个体差异及其神经机制，并且建立因果关系。然而，以人工语言为实验材料在生态学效度方面仍然存在一定的缺陷。由于词汇数量的限制，难以研究元语言意识以及一些重要的阅读效应，如邻近效应和规则效应等。另外，成人和儿童在阅读能力习得上也存在认知和神经机制的差异。

三、分散学习效应

认知心理学的研究表明，有效的学习策略能够提高语言学习成绩。艾宾浩斯的“遗忘曲线”表明，遗忘在学习之后立刻开始。因此，在学习过程中，为了更好地提高学习效率，就需要采取一些策略减少遗忘，进而保持记忆，其中及时复习是阻止遗忘的一种重要方法。在学习过程中重复材料是学习的一种重要方式。一般来说，学习成绩随着材料重复次数的增加而提高，即对单个材料投入的学习时间越多，学习成绩越好。然而，在相同的学习时间内，如何最大限度地提高学习成绩则取决于学习时间的分配。通常而言，在学习次数相同的情况下，延长同一学习材料的学习时间间隔能够提高学习成绩，即与集中学习相比，分散学习能够促进学习，这种现象称为分散学习效应。

Kahana和Howard 2005年考察了学习方法对母语单词记忆的影响。在学习阶段，他们以听觉方式给被试播放一系列的母语单词，每个单词连续重复或间隔重复两次。在学习之后，要求被试按学习的顺序尽可能回忆学过的单词。结果发现，分散学习的回忆成绩明显高于集中学习，并且被试的回忆成绩随着单词重复间隔的增加而显著提高。

尽管已有很多研究考察了学习方法对母语或第二语言词汇学习的影响，但是到目前为止，分散学习是否能促进字形学习并不清楚。众所周知，词汇是一个形、音、义的结合体。在学习中，形、音、义等言语成分交互激活，相互影响，因此，很难分离出学习方法对字形学习的影响。尽管一些研究以非词为实验材料，尝试分离出学习方法对字形学习的影响，但是非词由母语的语言单元构成，其在一定程度上也会受到语音、语义等的干扰。采用一门陌生的文字系统能够避免被试采用言语策略进行学习与记忆，排除语音、语义的干扰，有利于揭示学习方法效应的机制。

为了考察学习方法对陌生语言字形学习效果及其长期保持的影响，薛红莉等人2017年的一项研究中，选取陌生视觉单词（韩字）为材料，分别以连续重复和间隔重复的方式呈现学习材料，在学习之后半小时、一天和一周分别进行再认记忆测查。由于实验材料的低熟悉度和低意义性，所以在学习中每个字呈现6遍，以帮助被试记忆。接下来重点介绍该项研究。

以往研究的再认记忆测查大多采用2点迫选的范式，而数据分析采用信号检测论计算辨别力指数d'值（Z击中率$-Z$误报率）。这种分析方法的前提假设是信号分布的标准差与噪音分布的标准差相等。然而在实际中，信号分布的标准差往往与噪音分布的标准差不等。在这种情况下，采用6点按键的再认记忆测查，以变异不均等的信号检测论模型拟合被试的反应数据，采用最大似然法估计操作者特征曲线及其参数（辨别力指数d'和斜率s，具体含义见数据处理部分）更好。因此，在该项研究中，再认记忆测查采用6点按键的反应模式（按键1为肯定学习过，按键6为肯定未学习过，按键2～5介于两者之间），这可以构造5个反应标准，从而可以使用操作者特征曲线分析比较两种学习方法的差异。

该研究挑选了24名母语为汉语的在校本科生（男10名，女14名）为被试，实验之前被试没有任何韩语或朝鲜语的学习经验，视力或矫正视力正常。

实验材料选取240个3～11笔画、2～3部件的韩字，分成数量相等的4组，每组60个。其中一组用于学习，另外三组分别作为三次再认记忆测查的填充刺激。为了控制视觉复杂性的差异，根据笔画数和部件数对4组材料进行了匹配。4组材料的平均笔画数和部件数分别为：7.5与2.9，7.47与2.9，7.65与2.92，7.55与2.92。由于中国被试对韩字比较陌生，为了避免在短期学习后表现出地板效应，在选择材料时尽量减小学习材料与填充材料之间的视觉相似性，从而降低学习的难度。

该研究包括两个阶段：学习阶段和再认记忆测查阶段。学习包括两种条件：集中学习条件和分散学习条件。在集中学习条件下，每个韩字连续呈现6遍；而在分散学习条件下，每个韩字间隔11个刺激后重复呈现一遍，但是总体上呈现6遍。每种学习条件包括30个韩字，每个刺激呈现3000 ms。为了减弱被试对刺激出现时间的期望效应，刺激消失后的空屏时间在800～1200 ms之间变化，平均为1000 ms。被试的任务是认真看出现的刺激，并努力记住它。整个学习阶段时长约24 min。为了排除两种学习条件在材料上的差异，研究者对两种学习条件的材料进行了被试间平衡，即一半被试以集中学习的方式学习第一组材料，以分散学习的方式学习第二组材料，而另一半被试则以分散学习的方式学习第一组材料，以集中学习的方式学习第二组材料。

在学习之后每间隔半小时进行第一次再认记忆测查（T1）。在测查中，120个韩字以随机的顺序呈现，其中一半刺激来源于学习，另外一半刺激是被试之前没有见过的（填充刺激）。在每一个刺激呈现的同时，屏幕上会出现6个选项，其中1为肯定学习过，6为肯定未学习过，2～5介于两者之间。被试需要按键判断呈现的刺激是否学习过。在被试按键之后，刺激立即消失，然后间隔1000 ms之后呈现下一个刺激。

为了减弱或排除首因效应和近因效应的影响，研究分别在学习之后一天（T2）和一周（T3）对被试的学习效果进行两次长时追踪测查。除填充刺激以外，第二次和第三次测查的任务与第一次测查相同。由于三次测查使用了三组不同的填充材料，因此，为了避免填充材料带来的差异，研究者对三次测查中的填充材料进行了被试间平衡。

数据分析包括两个部分。首先，以正确率为指标分析学习的有效性。其次，采用操作者特征曲线分析比较两种学习方法的差异。在该分析中，针对每次测查的每个学习条件，依据整个被试群体的按键分别计算出5对击中率和误报率，对应5个反应标准。第一对击中率和误报率分别为学过的刺激和未学过的刺激按键为1的比率；第二对分别为学过的刺激和未学过的刺激按键为1和2的比率。以此类推，第五对分别为学过的刺激和未学过的刺激按键小于6的比率。数据与信号检测论模型的拟合采用最大似然法，同时估计出辨别力指数（d）和斜率（s）两个参数。d为信号（学过的刺激）分布与噪音（未学过的刺激）分布之间的距离，s为噪音分布的标准差与信号分布标准差的比值。两种学习条件的d和s值的差异采用卡方检验进行分析。

分散学习和集中学习在三次测查中的平均正确率和标准差如表8.1所示。单样本T检验发现，三次测查的正确率都显著高于概率水平(0.50)（所有$p < 0.001$）。这说明学习是非常有效的。从正确率的结果来看，被试在三次测查中，正确率逐渐下降，表现出遗忘效应，并且分散学习的正确率都比集中学习高。接下来，将采用操作者特征曲线分析学习方法效应。

表 8.1　两种学习方法在三次再认记忆测查中的正确率（标准差）

学习方法	T1	T2	T3
集中学习	0.714(0.067)	0.640(0.086)	0.634(0.088)
分散学习	0.753(0.074)	0.686(0.078)	0.669(0.085)

第一次测查中两种学习条件的操作者特征曲线如图8.1A所示。与预期一致，分散学习的d值显著高于集中学习［$\chi2(1) = 9.347$，$p < 0.01$］，而分散学习的s值（0.853）虽然略小于集中学习（0.892），但并未达到显著性水平［$\chi2(1) = 0.211$，$p = 0.646$］，如图8.2所示。这说明分散学习的效果好于集中学习。

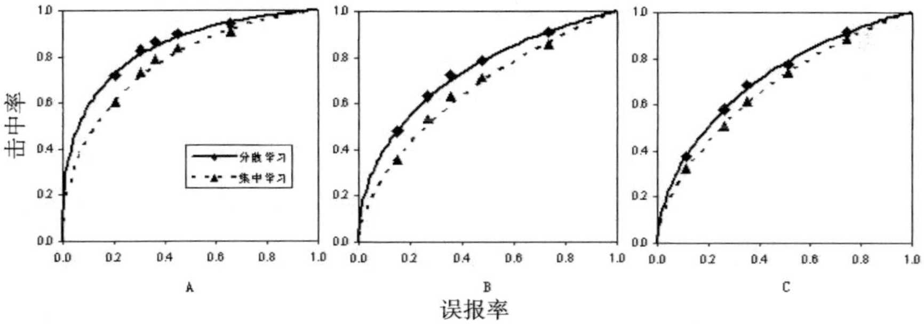

图 8.1　三次测查中两种学习条件的操作者特征曲线（A：T1，B：T2，C：T3）

为了排除首因效应和近因效应的影响，研究者进一步分析了两种学习条件的长时保持效果。如图8.2所示，与T1相比，两种学习条件在T2和T3的d值显著降低（$p < 0.001$），即表现出显著的遗忘效应，而s值没有显著变化。然而，在两次长时测查中，分散学习的d值都显著高于集中学习（$p < 0.05$），而两种学习条件的s值没有显著差异，如图8.1B和C所示。这说明分散学习的优势是可以长时保持的，并且不是由首因效应和近因效应导致的。

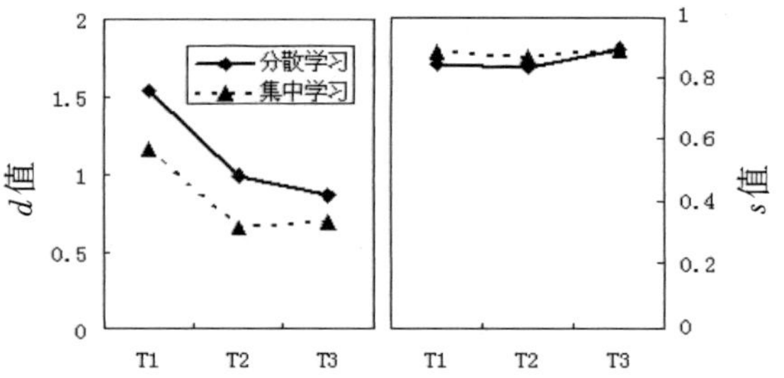

图8.2　三次测查中两种学习条件的d值（左图）和s值（右图）

该研究采用学习-测查的范式，以陌生的视觉单词为材料，考察了学习方法对陌生字形学习的影响。与前人研究一致，该研究发现相比于集中学习，分散学习能够显著提高学习者的学习成绩。进一步的长时追踪测查的结果表明，虽然长时测查的成绩显著降低，表现出遗忘效应，但是分散学习的优势在学习效果的保持过程中是稳定存在的。该结果将前人研究关于分散学习优势的发现从整体的词汇学习扩展到单纯的字形学习上。这些结果综合说明在排除语音、语义的影响之后，分散学习能够促进新字形的学习，并且这种促进作用并不是由首因效应和近因效应导致的。

分散学习的优势可能是由多种原因导致的。一种可能是与间隔重复相比，连续重复的词在重复出现时的编码加工不足。当刺激重复出现时，其加工会受到先前加工的启动。在集中学习条件下，由于刺激是连续重复的，其重复启动效应比分散学习更大，因而集中学习条件的重复刺激比分散学习的重复刺激获得了较少的加工。近年来，认知神经科学的有关研究为集中学习与分散学习的不同启动效应提供了直接的证据。从集中学习和分散学习两次呈现时脑激活变化的角度，Callan和Schweighofer 2010年的研究发现，分散学习效应与岛盖额部（与语言复述保持相关）的激活有关，即在学习过程中，集中学习条件下刺激的再次呈现引发的岛盖额部激活减小。Xue等人2010年和

2011年以不同材料（人脸和陌生字形）为对象的研究指出，在材料重复呈现过程中，相对于集中学习，分散学习减少了刺激在神经活动上的重复抑制，对有关记忆脑区（左侧梭状回和颞下回）的激活更强，因此具有较好的记忆成绩。另一种可能是与集中学习相比，分散学习的刺激重复间隔较大，因而在编码加工中获得了更多的注意和复述的机会，从而表现出记忆的优势。分散学习优势产生的另一种可能原因是分散学习比集中学习编码了更多的背景信息。在分散学习条件下，刺激的每一次重复都间隔着其他刺激的出现。在学习过程中，这些背景信息会自动编码，为其记忆提供线索，从而促进其记忆。然而，该研究采用的是再认记忆的范式，其对背景信息不太敏感，因而这可能不是该研究中分散学习优势产生的主要原因。

除此之外，双因素模型也能够解释该研究中发现的分散学习的优势。该模型认为学习阶段包括两个同时起作用的加工成分：编码可变性成分和学习阶段的提取成分。编码可变性成分是指在编码阶段，刺激在每次重复时的编码不同（包括背景信息、加工深度等），而学习阶段的提取成分是指在学习阶段，个体对刺激进行编码时会从长时记忆中自动提取出其前一次出现的相关信息。随着刺激的重复间隔增大，一方面，刺激在每一次重复出现时的编码变异性增大，因而个体对重复刺激的加工更有深度，记忆线索增多；另一方面，在刺激两次重复之间的记忆衰退和干扰也变大，因此从长时记忆中自动提取刺激前一次出现的相关信息的可能性也变小。然而编码可变性成分对于记忆的贡献依赖于学习阶段的提取成分，即只有在个体能够从长时记忆中自动提取刺激前一次出现的相关信息的情况下，编码可变性才会促进其记忆。因此，随着刺激重复间隔的增加，编码可变性成分首先占据主导地位，表现出分散学习的优势，当刺激重复间隔增加到一定程度后，学习阶段提取成分的影响逐渐超过编码可变性成分，分散学习的优势也逐渐减小，即个体的记忆成绩会随着刺激重复间隔的增加而表现出倒U形的变化曲线关系。这一模型得到Verkoeijen等人2005年和2008年研究的支持。由于该研究所采用的刺激重复间隔较小（间隔11个其他刺激），重复次数较多（共重复6次），编码可变性成分占据优势，因而表现出显著的分散学习优势。

综上，在排除语音、语义的干扰后，以分散学习方式学习字形的效果好于集中学习，并且这种优势能够长时保持。这说明，保持学习时间不变的情况下，延长学习材料的重复间隔可能是提高语言字形学习效果的一种有效途径。

上述研究关于分散学习能够促进陌生字形学习的发现对于外语学习与教学有重要启示。在经济全球化背景下，国际交流与合作与日俱增，外语的学习越来越重要。然而，一方面，由于多种因素的影响（如语言环境的匮乏、学习敏感期的错过、母语系统的干扰等），外语学习相对母语学习更加困难。另一方面，由于科技的飞速发展、知识的快速更新，而人们的学习时间又非常有限，所以如何在相同的学习时间内，最大限度地提高外语学习的效果，是语言学家、心理学家的一项重要任务。一系列拼音文字研究发现，在词汇的学习过程中，与不呈现字形条件相比，呈现英文单词的拼写能够促进英语儿童、英语成人和汉语儿童的英文词汇学习。Cohen等人2002年的研究指出，字形加工的效率会直接影响对单词的理解。该研究选取一种陌生的文字系统为实验材料，通过比较分散学习和集中学习的效果，在提高外语字形学习效果方面进行了初步尝试。未来的研究可以在此基础上，一方面从行为上探讨分散学习优势产生的原因，另一方面从大脑活动的角度揭示学习方法效应的神经机制，从而为外语学习与教学提供更为科学的建议与指导。

第二节　神经生理调节方法

一、非侵入式脑刺激方法

随着认知神经科学的不断发展以及研究技术的不断进步，非侵入式脑刺激的方法引起了研究者们的关注。经颅磁刺激（Transcranial Magnetic Stimulation，简称TMS）和经颅直流电刺激（Transcranial Direct Current Stimulation，简称tDCS）可以对大脑皮层区域进行非侵入式的激发或抑制。其中，较低频率的重复TMS（如1 Hz）能够抑制大脑皮层的兴奋，通常用来探讨大脑与行为之间的关系，因此被称作“虚拟病变”。与此相反，较高频率的重复TMS（如20 Hz）能够导致大脑皮层兴奋活动的增加，因此能够提高认知和动作任务的成绩。与TMS不同的是，tDCS是通过对大脑皮层施加低强度直流电刺激（1～2 mA）从而调节大脑皮层神经元活动，并且tDCS的技术易于掌握，不会诱发癫痫等疾病的发作，同时tDCS既可以增加大脑皮层的兴奋程度（施加正极刺激），也可以抑制大脑皮层的兴奋程度（施加负极刺激）。

一些研究采用脑刺激（TMS、tDCS）的方法在语言学习、音乐学习、概念分类、决策、动作学习以及社会认知等领域证实了脑与行为之间的因果关系，即刺激大脑的相应区域能够有效地提高（或降低）该区域的功能。在语言领域，神经刺激的研究主要集中在左半球的核心语言系统上，如威尔尼克区、布洛卡区等。关于威尔尼克区，Meinzer等人2014年以及Brückner和Kammer 2017年的tDCS研究表明，与假刺激条件相比，威尔尼克区的阳极刺激促进了词汇学习和语义加工。另外，Blagovechtchenski等人2019年以及Kurmakaeva等人2021年的研究发现，威尔尼克区的阴极刺激也能够促进词汇学习和语义加工，而且这种促进作用在刺激的物理效应消失后更长的时间内仍然存在，这表明tDCS可以对人脑中的语言存储和表征产生长期影响。关于布洛卡区，Cattaneo等人2011年、Fiori等人2018年、De Vries等人2010年以及Perikova等人2022年的研究表明，该区域的阳极tDCS可以显著促进语义和音位流畅性、动词习得、人工语法学习以及新词汇的快速映射。反过来，Malyutina和Den Ouden 2015年的研究发现，与假刺激相比，阴极刺激可以提高动词和名词的命名速度。除此之外，Fiori等人2014年的研究发现，左侧额叶区域的阳极tDCS导致重复任务（绕口令）的准确性更高，速度更快，而阴极刺激干扰了任务；薛红莉等人2017年的研究发现，左侧颞顶联合皮层的阳极tDCS能够促进人工语言拼读的学习。

在语言治疗方面，许多研究发现，通过TMS或tDCS刺激语言相关脑区能够提高语言学习的成绩。在失语症患者的治疗方面，将TMS或tDCS作用于大脑相应区域对失语症患者的语言恢复方面具有帮助作用。Garcia等人2013年的研究发现，将TMS作用于大脑右侧额叶能够提高失语症患者的一系列语言能力；Wu等人2015年的研究发现，将正极tDCS刺激大脑左外侧裂后部能够提高失语症病人的图片命名和听力理解的成绩。在正常被试的语言学习方面，Mottaghy等人1999年的研究发现，将TMS作用于大脑威尔尼克区能够提高被试图片命名的速度；Sparing等人2008年同样以正极tDCS刺激大脑左外侧裂后部（该区域包括威尔尼克区），也发现了相似的结果；Floel等人2008年以及Fiori等人2011年的研究发现，将正极tDCS作用于颞顶皮层不仅能够提高正常被试新词汇的学习成绩和图片命名成绩，对阅读障碍患者的图片命名成绩也有促进作用；Ihara等人2015年将正极tDCS作用于左侧额下回能够提高被试在阅读理解中对词汇语义判断的速度。以往研究发现，tDCS刺激大脑有关区域不仅能够促进语言的学习，对学习效果的长时保持也具有帮助。例如，Meinzer等人2014年连续五天对颞顶皮层施加正极tDCS，结果发现，正极tDCS作用于颞顶皮层能够促进词汇的学习，并且这种效果在最后一次刺激之后的一周时间仍然得以保持。

接下来重点介绍薛红莉等人2017年采用tDCS技术提高形音连接学习的研究。

如前所述，以往采用自然语言和人工语言训练的神经影像研究比较清楚地揭示了形音连接的神经双通路机制。具体来说，语音提取通路主要由双侧颞中回和左侧额下回眶部负责，而语音拼读通路则主要由左侧中央前回以及缘上回负责。结合以往研究结果可知，左侧颞顶皮层（the Left Temporoparietal Cortex，简称LTPC）是语音拼读的一个重要区域。该研究采用人工语言训练的范式，结合tDCS技术，考察LTPC在语音拼读中的作用。具体来讲，通过训练两组被试学习同一门人工语言，他们分别接受正极tDCS作用于LTPC或者视觉皮层，通过比较两组被试在整字阅读和拼读训练方法下形音连接学习的差异，从学习成绩和长时保持两个方面揭示LTPC在语音拼读中的作用。

研究采用tDCS技术以及严格控制的人工语言训练范式，tDCS分别作用于左侧颞顶皮层和初级视觉皮层（Visual Cortex，简称VC），通过比较两种刺激条件下的整字阅读和拼读的学习及长时保持，探讨LTPC在语音拼读中的作用。

该研究选取144个人工语言字符为实验材料。144个人工语言字符中CV和CVC结构的字符各72个。144个字符由24个韩语字母组成，其中元音12个，辅音12个。该研究从国际音标中选取了12个元音和12个辅音，分别作为24个韩语字母的发音。根据3名中国大学生的评价结果，这些音标在5点量表（1为很难发音，5为很容易发音）

上的平均得分均大于3（平均数为4.43 ± 0.78）。144个字符分为两部分，每部分72个，分别进行整字阅读和拼读两种方式的训练，每部分材料进行的训练方式在被试间保持平衡。将每部分的72个人工字符进一步分为6组，每组12个，其中一组用作训练材料，其他五组分别在测试阶段作为迁移材料呈现，每组作为训练材料的次数在被试间保持平衡。所有材料的分组在笔画数、部件数及结构上进行了严格匹配。

所有人工语言单词将做成统一规格的灰底黑字的图片呈现，其声音由一个发音清晰、标准的女性汉语母语者录制，然后使用特殊软件进行去噪处理、剪切和音量的标准化。所有人工语言单词的声音均持续800 ms。

46名中国大学生被试（男22名，女24名），年龄在18—25岁。所有被试的视力或矫正视力正常，没有任何相关的神经疾病史，没有任何韩语或朝鲜语的学习经验。爱丁堡利手测验显示，所有被试均为右利手。

研究采用多个行为量表测试，用于控制两种tDCS刺激条件下被试的语言能力和记忆力。英语阅读成绩采用Woodcock阅读量表“Form G”中的视听学习和单词阅读流畅性量表；语音工作记忆采用语音加工量表的数字记忆。

非言语智力采用高级瑞文推理测验；中文阅读成绩采用Liu等人2013年编制的汉字识别和汉字阅读流畅性量表；英语阅读成绩采用Woodcock阅读量表“Form G”中的视听学习、单词识别和假词拼读三个子量表和单词阅读流畅性量表；语音工作记忆和快速命名采用语音加工量表的数字记忆、非词重复、物体快速命名和颜色快速命名子量表。

（一）高级瑞文推理测验

该测验包含12个练习项目和36个正式测试项目，用于测试非言语智力。正式测试的时间限制为40 min。采用0，1计分方式，总分36分。每做对一个项目，计1分，反之则为0分。

（二）中文阅读量表

该量表由Liu等人于2013年编制，包括汉字识别和汉字阅读流畅性两个子量表。

汉字识别包括179个汉字，用于测查中文阅读成绩。被试需要在30 min内对所有汉字进行注音、组词或者解释，只有当注音、组词和解释都正确时，才算这个字正确，计为1分，反之，计为0分。量表中的字共分为10组，根据每组的权重合成总分。该测验的分半信度为0.93。

汉字阅读流畅性子量表包括200汉字。汉字的字形从简到繁，频率由高到低排列。该测试为速度测验，测试时间为60 s，得分为60 s内被试正确读出的汉字个数。该测验的再测信度为0.82。

（三）Woodcock阅读量表

选取Woodcock阅读量表的视听学习、单词识别和假词拼读三个子量表。

视听学习：该测试由28个视觉符号和26个常用单词与2个后缀（-ing和-s）组成。视觉符号与单词一一对应，从而组成7个故事。在测试中，主试告知被试每个视觉符号所代表的单词，然后被试依据这些对应关系念出每个故事。该测试主要用于测查被试的视觉符号与语音的联系学习能力。被试每读对一个视觉符号计1分，满分134分。

该测验的分半信度为0.85。

单词识别：该测试由106个英语单词由易到难排列组成。它要求被试读出所有英语单词的读音，每个单词的时间限制为5 s。被试每做对一个计1分，满分106分。该测验的分半信度为0.94。

假词拼读：该测试由45个英语假词由易到难排列组成，用于考察被试的语音拼读能力。它要求被试依据英语的拼读规则读出每个假词的读音。时间限制和计分方式与单词识别测验相同，满分45分。该测验的分半信度为0.81。

（四）单词阅读流畅性量表

单词阅读流畅性量表为速度测验，包含两个子测验：真词流畅性和假词流畅性。

真词流畅性：该测验由104个英语单词由易到难组成，用于测试阅读的流畅性。被试需要既快又准地依次读出每个单词的读音。被试的得分为45 s之内正确读出的单词个数。如果被试在45 s之内全部读完，则另外记录被试完成的时间。该测验的再测信度为0.87。

假词流畅性：该测验由63个英语假词由易到难组成，用于测试语音解码的流畅性。测试要求和计分方式与真词流畅性测验相同。该测验的再测信度为0.94。

（五）语音加工量表

选取颜色快速命名、物体快速命名、数字记忆和非词重复四个子量表。

颜色快速命名：由72个黑、绿、蓝、红、棕、黄色块组成，每种颜色12个。被试需要既快又准地命名所有色块。计分包括所用时间和错误个数。该测验的再测信度为0.89。

物体快速命名：该测验由72个物体图片组成。图片包括船、星、笔、椅、鱼和钥匙，每种图片12个。计分方式与颜色快速命名测验相同。该测验的再测信度为0.93。

数字记忆：该测验由27组数字串声音组成，用于测试被试的言语工作记忆容量。数字串长度从2到10。每种长度包含3个项目。声音在电脑上呈现，在听完一串数字之后，被试需要按照相同的顺序重复听到的数字串。每正确重复一个数字串，计1分。如果被试连续在3个项目上出错，则终止测试。该测验的再测信度为0.83。

非词重复：由18个非词的声音组成，用于测试被试的言语工作记忆容量。项目的排列顺序由易到难。测试要求和计分方式与数字记忆相同。该测验的再测信度为0.75。

所有被试均接受人工语言中字形与语音的配对训练，且所有被试均接受两种条件的训练：整字阅读训练和拼读训练。整个训练程序进行三次，具体为：第1天和第3天采用相同的实验程序，即进行训练任务之前，被试接受tDCS刺激，接着进行4轮的人工语言训练，其中2轮为整字阅读训练，另外2轮为拼读训练；第7天的训练程序只包括测试任务，用于考察语音提取和语音拼读的长时保持，如图8.3所示。两种训练条件的先后顺序在被试间保持平衡。

训练程序包含两种学习方法：整字阅读（代表语音提取，Addressed Phonology）和拼读（代表语音拼读，Assembled Phonology）训练，如图8.3所示。被试的任务是学习12个人工单词字形和语音之间的对应关系。训练程序包括5个轮回，其中第1轮（Run 1）和第2轮（Run 2）在第一天进行，第3轮（Run 3）和第4轮（Run 4）在第3天进行，第5轮（Run 5）在第7天进行。除Run 5之外，训练程序的每个轮回都包括学习任务和单词选择任务，后一种任务不仅可以用于测试学习成绩，而且对学习效果具有促进作用。第7天的训练程序

(Run 5) 只包含单词选择任务，用于测试两种形音连接学习成绩的长时保持。

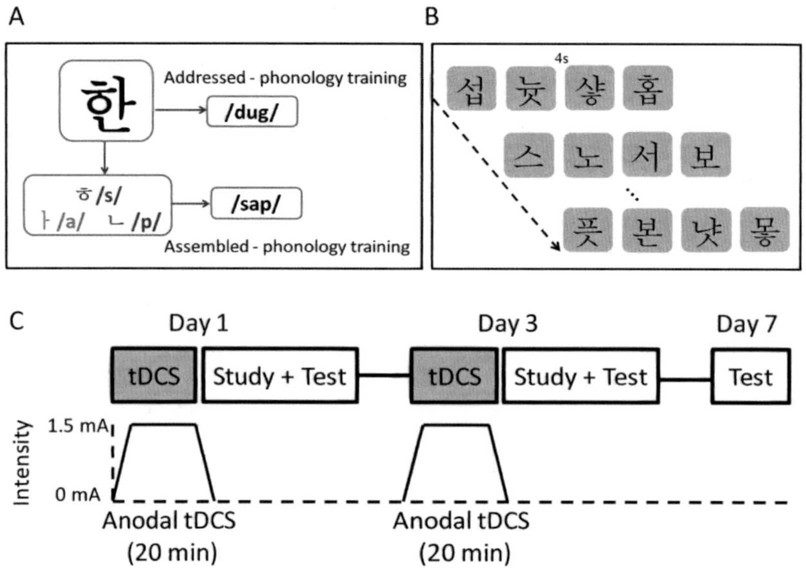

图 8.3　实验设计和两种训练方式示例

需要强调的是，被试在不同训练条件下需要采用相应的学习方式来学习字形和语音之间的对应关系。在整字阅读训练方法下，整个单词与声音进行配对，被试需要把每个单词作为一个整字进行记忆，通过死记硬背整词与读音的联系来学习 12 个人工单词的语音。并且，将单词与声音的原始配对随机打乱，以确保被试不能利用形音对应规则进行学习。因而，被试在阅读这些单词时，只能依赖语音提取通路。与整字阅读训练方法不同的是，在拼读训练方法下，被试通过对单词进行拆分获得每个字母的发音来建立单词和语音之间的连接，单词与声音的配对采用原始配对。在学习中，要求被试根据从左到右、从上到下的规则拆分整个单词的方式，获得每个字母及其对应的发音，然后利用字母的读音根据形音对应规则拼读整字的读音。虽然被试没有直接学习每个字母的发音，但是在实验任务进行之前，通过明确的指导语讲解，被试已经能够采用拆分整字获得字母发音的方式来拼读整字的读音。

训练程序的前4轮都包括学习任务和单词选择测试，后一种任务不仅可以用于测试学习成绩，而且对学习效果具有促进作用。在学习任务阶段，每个单词的字形呈现在电脑屏幕中央，同时耳机中呈现该单词的发音。每个单词的字形呈现3.5 s，间隔1000 ms的空屏再呈现下一个单词。被试的任务是认真地看屏幕中的单词，同时仔细地听耳机中的发音。为了确保被试处于清醒和专注状态，要求被试大声地重复刚刚听到的发音，并通过麦克风记录他们的发音。

在单词选择测试阶段，四个单词的字形由左到右同时呈现在电脑屏幕中，同时耳机中呈现一个单词的发音。被试需要指出语音所对应的单词，并按键（D，F，J，K依次对应屏幕中的四个字形）做出反应。每个刺激呈现3.5 s，间隔1000 ms的空屏后呈现下一个刺激。被试需要尽可能快速、准确地做出反应，在刺激消失之后做出的反应将记为错误，并且在数据分析的时候剔除。

在该测试任务中，研究加入了未训练过的单词。对于拼读训练方法，加入未训练过的单词不仅能够促进被试对形音对应规则的学习，而且未训练过的单词能够真正反映语音拼读。此外，为了匹配两种训练方法，在整字阅读训练方法下同样加入了未训练过的单词。但是，在这种条件下，对于未训练过的单词，原则上被试无法学习它们的发音，因此可以做出随机反应。为了避免练习效应，在不同轮中加入的单词是不同的。

在该项测试任务中，训练过的材料和未训练过的材料之间以伪随机的顺序呈现，并使用特殊软件对呈现序列进行优化。刺激程序使用Matlab（Mathworks）中psychtoolbox工具箱编译，并在IBM电脑上呈现。

46名被试依据性别、年龄、非言语智力和中英文阅读能力分成两组（见表8.2），每组23人，分别接受正极tDCS作用于LTPC和VC。

表8.2　两组被试在各个行为量表上得分的差异

因变量	LTPC	VC	*t*	*p*
年龄	19.61(1.95)	19.74(1.71)	−0.24	0.81
性别(男/女)	11/12	11/12	0.00	1.00
视听学习	127.43(5.34)	128.61(4.62)	−0.79	0.43
英语单词流畅性	75.15(8.32)	75.43(7.69)	−0.12	0.91
英语假词流畅性	45.35(7.35)	45.07(6.30)	0.14	0.89
数字记忆	22.57(2.39)	22.17(2.44)	0.55	0.59

两组被试在训练的第1天和第3天接受正极tDCS的刺激，其中一组作用于LTPC，另外一组作为控制组，作用于VC。tDCS通过32导的EEG电极帽进行经颅直流电刺激。5个直径为11 mm的电极分别用作直流电刺激的正极和负极。tDCS的刺激位置采用国际10–20的EEG脑电电极分布系统进行定位，以往研究证实了该系统的可靠性。

在实验组条件下，tDCS作用于LTPC的正极定位在T3和P3之间，其周围的四个负极各承担25%的回流电流，定位在CP5，CP1，P2和PO7上，如图8.4所示。在控制组条件下，tDCS作用于VC的正极定位在Oz上，各承担25%回流电流的四个负极位置分别为PO3，O1，PO4和O2。

在两种刺激条件下，电流强度为1.5 mA，持续20分钟，前后各有30 s缓慢上升和下降的阶段。本实验中电流强度的安全性和效果在以往研究中得到了证实。对于正极tDCS作用于LTPC和VC两组，两种训练条件的先后顺序在被试间保持平衡。

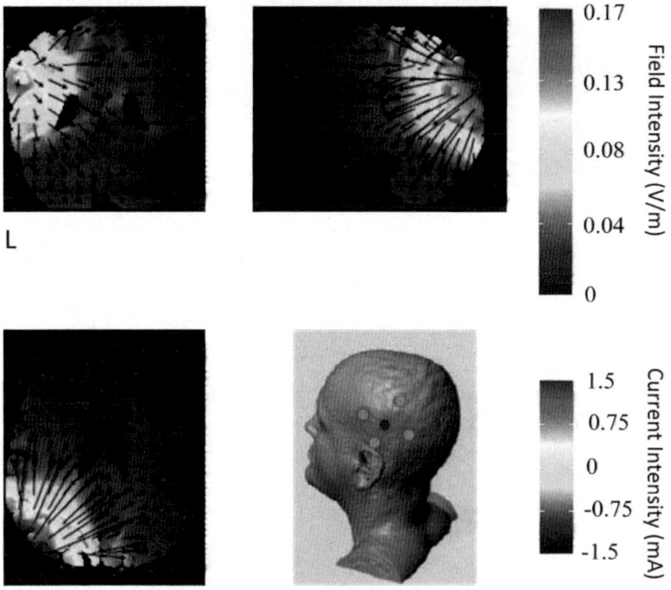

图 8.4　tDCS 作用于 LTPC 的电极分布、电流强度及电场强度

为了考察正极 tDCS 作用在大脑的不同位置对两种训练方法的影响，研究主要比较了 LTPC 和 VC 两组中整字阅读训练方法下训练过的单词（Trained Word in the Addressed Group，简称 TW_AD）和拼读训练方法下未训练过的单词（Untrained Word in the Assembled Group，简称 UW_AS）学习成绩的差异。因为整字阅读训练方法下训练过的单词只能通过整字的方式对语音进行记忆，因此代表了语音提取；而拼读训练方法下未训练过的单词只能通过形音对应规则获得语音，因此代表了语音拼读。根据策略转化假说，随着练习的增加，形音连接可以经亚词汇水平（拼读）转化为词汇水平（提取），因此无法判定拼读训练方法下训练过的单词（Trained Word in the Assembled Group，简称 TW_AS）在多大程度上代表语音拼读。

由于研究采用人工语言训练范式，学习成绩中训练次数的主效应将作为初步分析用于说明训练范式的有效性，在后续分析中不再关注。相反，研究将关注刺激类型的主效应及其与训练方法和训练次数之间的交互作用。

数据采用SPSS 16.0进行分析，采用混合方差分析考察刺激类型（LTPC或VC）和训练方法（Addressed和Assembled）对形音连接学习的影响。

如上表8.2所示，两组被试在英文阅读成绩和数字工作记忆上都没有显著差异。这说明接受两种刺激的被试在认知与阅读能力上匹配较好。

在人工语言学习方面，对两种测试的数据统计结果显示，本实验的人工语言训练非常有效，并且拼读训练方法下的材料习得了形音对应规则。

为了考察正极tDCS作用于LTPC对形音连接学习的影响，针对单词选择任务的反应时和正确率，分别进行了两个2（刺激类型：LTPC或VC）×2（训练方法：Addressed和Assembled）×4（训练次数：1—4）的三因素重复测量方差分析。第一个方差分析用于考察两种刺激类型下，TW_AD和UW_AS在反应时上的差异。结果显示三种因素的交互作用显著［$F(3, 42) = 3.63$，$p < 0.05$］。进一步采用2（训练方法：Addressed和Assembled）×4（训练次数：1—4）的两因素重复测量方差分析发现，在TW_AD方面，训练次数的主效应显著［$F(3, 42) = 35.76$，$p < 0.001$］，但刺激类型的主效应不显著［$F(1, 44) = 1.61$，$p = 0.21$］，刺激类型与训练次数的交互作用也不显著［$F(3, 42) = 1.16$，$p = 0.33$］；在UW_AS方面，训练次数的主效应显著［$F(3, 42) = 3.42$，$p = 0.02$］，刺激类型的主效应显著［$F(1, 44) = 5.52$，$p = 0.02$］以及两者的交互作用显著［quadratic，$F(3, 42) = 6.66$，$p = 0.01$］。进一步独立样本t检验发现，刺激类型在第2次［$t(44) = -4.04$，$p < 0.001$］和第3次［$t(44) = -2.51$，$p = 0.02$］训练时的差异显著，在第1次［$t(44) =$

−0.31，$p = 0.76$］或第4次［t（44）= −1.30，$p = 0.20$］训练时的差异不显著。以上结果说明，正极tDCS作用于LTPC能够促进语音拼读的学习，如图8.5所示。

第二方差分析用于考察两种刺激类型下，TW_AD和UW_AS在正确率上的差异。采用2（刺激类型：LTPC或VC）×2（训练方法：Addressed和Assembled）×4（训练次数：1—4）的三因素重复测量方差分析显示，三种因素的交互作用达到边缘显著水平［F（3，42）= 1.84，$p = 0.09$］。进一步采用2（训练方法：Addressed和Assembled）×4（训练次数：1—4）的两因素重复测量方差分析发现，在TW_AD方面，训练次数的主效应显著［F（3，42）= 58.99，$p < 0.001$］，但刺激条件的主效应不显著［F（1，44）= 0.01，$p = 0.97$］，刺激条件与训练次数的交互作用也不显著［F（2，132）= 1.25，$p = 0.13$］；在UW_AS方面，训练次数的主效应显著［F（3，42）= 68.37，$p < 0.001$］，刺激类型的主效应不显著［F（1，44）= 1.98，$p = .17$］，刺激类型与训练次数的交互作用达到显著水平［F（2，132）= 2.84，$p = 0.04$］。进一步独立样本t检验发现，刺激类型的在第3次训练时的差异显著［t（44）= 1.98，$p = 0.05$］，在其他三次训练时的差异均不显著（all $p > 0.25$）。以上结果说明，tDCS作用于LTPC能够促进语音拼读的学习，如图8.5所示。

虽然由于形音连接的策略转化假说，TW_AS在多大程度上代表语音拼读尚不清楚，但研究仍然采用2（刺激类型：LTPC或VC）×4（训练次数：1—4）的两因素重复测量方差分析对该部分单词进行了考察。结果发现，在反应时和正确率两个统计指标上，训练次数的主效应均达到显著水平（all $p < 0.001$），但刺激类型的主效应以及两者的交互作用均不显著（all $p > 0.14$），如图8.5所示。

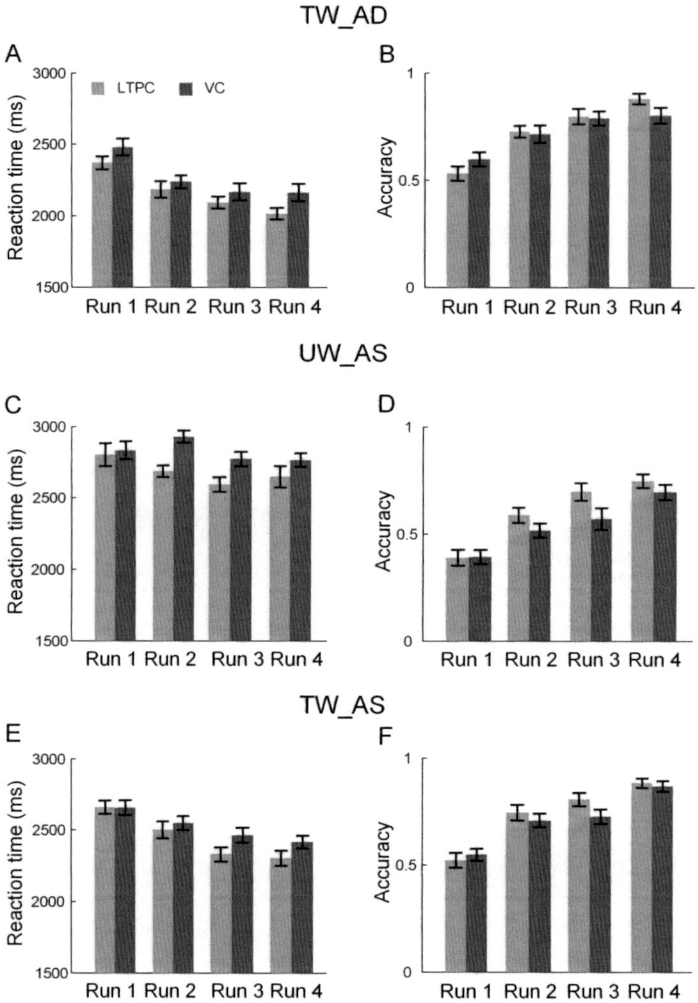

图 8.5　两种刺激类型下三种材料在四次测试中的成绩

为了考察正极 tDCS 作用于 LTPC 对形音连接长时保持的影响，针对实验第 7 天选择任务的反应时和正确率，研究分别进行了两个 2（刺激类型：LTPC 或 VC）×2（训练方法：Addressed 和 Assembled）的两因素重复测量方差分析。第一个方差分析用于考察两种刺激类型下，TW_AD 和 UW_AS 在反应时上的差异。结果发现，刺激类型的主效应显著［$F(1, 44) = 5.34$，$p = 0.03$］，训练方法的主效应显著

[$F(1, 44) = 125.54$, $p < 0.001$]，两者的交互作用达到边缘显著水平[$F(1, 44) = 4.69$, $p = 0.06$]。简单效应分析发现，在TW_AD方面，两种刺激条件之间在反应时上没有差异[$t(44) = 1.30$, $p = 0.20$]，而在UW_AS方面，LTPC组的反应时显著低于VC组[$t(44) = 2.94$, $p < 0.01$]，如图8.6所示。以上结果表明正极tDCS作用于LTPC能够特异性地促进语音拼读的长时保持。按照同样的方法，对正确率的统计分析发现，刺激类型的主效应不显著[$F(1, 44) = 1.77$, $p = 0.19$]，训练方法的主效应不显著[$F(1, 44) = 2.45$, $p = 0.12$]，两者的交互作用也不显著[$F(1, 44) = 0.51$, $p = 0.48$]。

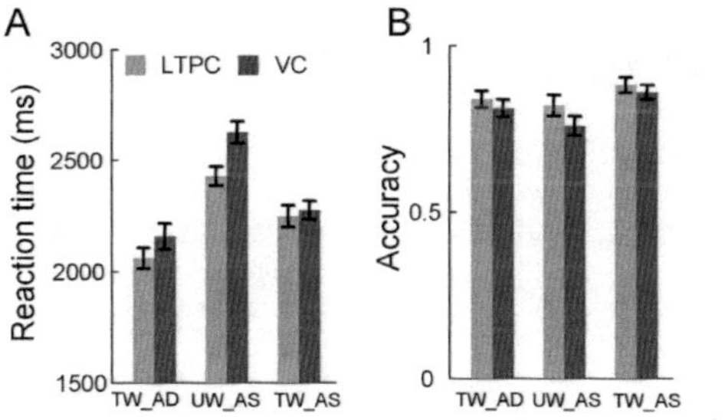

图8.6 两种刺激类型下三种材料学习成绩的长时保持

虽然由于形音连接的策略转化假说，TW_AS在多大程度上代表语音拼读尚不清楚，但研究仍对该部分单词进行了考察。配对样本t检验显示，在反应时和正确率两个统计指标上，两种刺激类型在该部分单词成绩上的差异均不显著（all $p > 0.25$）。

采用严格控制的人工语言训练范式，结合高清tDCS技术，该研究考察了正极tDCS作用于LTPC对形音连接学习的影响，清晰地揭示了LTPC在语音拼读学习中起到的因果作用。该研究发现，正极tDCS作用于LTPC能够特异性地促进拼读训练方法下未训练过单词的学习和长时保持，但对整字阅读训练方法下训练过的单词的学习和长时保持没有影响。

以往以自然语言为材料或采用人工语言训练范式的fMRI研究证实了语音提取和语音拼读在神经机制上的差异，确定了LTPC在形音转换规则中的作用。例如，为了避免自然语言中的一些混淆因素对形音连接神经机制的影响，Graves等人2010年对任务难度、单词频率、形音对应的一致性、单词长度等进行控制以后，确认了LTPC在语音拼读中起到重要作用。除此之外，采用严格控制的人工语言训练范式，结合fMRI技术，Mei等人2014年的研究发现，与图形文字训练相比，拼音文字训练组的被试在LTPC有较强的激活，并且他们在两种实验任务（命名任务和知觉测试任务）中发现了同样的结果，进一步证实了LTPC在语音拼读中的作用。然而以往采用fMRI的有关研究是基于相关分析得出的结论，并不能证实LTPC与语音拼读的因果关系。薛红莉等人2017年结合tDCS技术确立了LTPC在语音拼读中起到了关键性的因果作用。同时，前人研究发现，LTPC特异性地与知觉、音素分割的加工有关。该研究发现LTPC特异性地在语音拼读中起到的因果作用同样与以往的研究结果一致。

在语言及音乐学习方面，许多研究证实了LTPC在词汇学习中的作用。例如，Schaal等人2013年以及Vines等人2006年的研究发现，正极tDCS作用于LTPC能够提高音高的记忆成绩，而负极tDCS作用于LTPC则使音高的记忆能力降低。再者，Hartwigsen等人2010年的研究发现，TMS作用于LTPC能够选择性地影响语音加工。与以往研究发现一致，该研究采用人工语言训练范式，进一步证实了正极tDCS作用于LTPC能够提高语音拼读的学习成绩。

由于自然语言存在一些缺陷及额外混淆因素，因此，Xue等人2017年采用人工语言训练的范式，设计了整字阅读和拼读两种训练方法。与自然语言为材料的研究相比，人工语言训练范式具有一定的优势。一方面，在材料的复杂性、学习次数等方面，可以对两种训练方法进行严格匹配，因此避免了材料的视觉复杂性和熟悉性造成的影响。另一方面，可以对关注的问题进行特定分析，即该研究考察形音连接学习，在创造人工语言材料的时候并没有加入语义信息，因此排除了语义信息的影响。这在自然语言背景下是无法实现的。

除此之外，该研究的优势之处还在于首次采用高清 tDCS 技术，同时在整字阅读和拼读两种训练方法下考察了 LTPC 的作用，结果清晰地揭示了 LTPC 特异性地对语音拼读起到的因果作用。以往考察 LTPC 功能的 tDCS 研究大多采用传统的 tDCS 技术，即正极和负极分别分布在两块较大面积的海绵上。然而，需要强调的是，分布在 LTPC 下的多个子区域各自具有不同的功能，使得 LTPC 同时兼备多项功能，注意、语义加工以及词汇编码等。基于传统 tDCS 依赖于相对较低的分辨率，因此无法区分 LTPC 的诸多功能。计算模型研究认为，与传统的 tDCS 相比，“4 × 1”tDCS 依赖于相对较小但分布较多的电极，能够产生更集中的刺激。因此，该研究采用高清 tDCS 技术排除了传统 tDCS 作用于 LTPC 对注意产生的影响，结合人工语言训练范式排除了对材料的语义加工，清晰地揭示了正极 tDCS 作用于 LTPC 能够特异性地对拼读学习条件下的形音连接起到因果作用。

该研究发现了正极 tDCS 作用于 LTPC 特异性地促进语音拼读的学习，研究结果对于临床和教育领域具有重要的启示作用。首先，研究结果表明，正极 tDCS 作用于 LTPC 可能对深度语言障碍患者和在形音转换规则方面有缺陷的失语症患者来说是有效治疗方法之一。未来研究可以在临床方面直接考察正极 tDCS 作用于 LTPC 对阅读技能的影响。其次，研究结果为第二语言尤其是涉及形音转换规则语言学习的提高提供了一种可能。tDCS 技术的介入可能会减少母语的同化效应，这种同化效应往往会阻碍第二语言的学习。例如，中文母语者通常采用语音提取的方式来学习拼音文字。具体来讲，Bolger等人2005年以及Tan等人2005年的研究发现，有关语音拼读的重要脑区却不参与中文材料的阅读。Zhang等人2014年的研究发现，母语为中文的被试在阅读英文材料时，LTPC（如左侧颞叶）的活动较弱。与此类似，Mei等人2015年采用人工语言训练的方式，训练中英母语者采用语音拼读的方式学习同一组材料，训练后的fMRI结果发现，与英语母语者相比，中文母语者在语音拼读时大脑LTPC（如左侧缘上回）区域的活动较弱。该研究的结果说明，正极tDCS作用于LTPC可能在中文母语者对英语或其他具有形音转换规则语言的学习方面具有促进作用。

以往研究发现，tDCS效果的长时保持在运动技能、数字能力和语言能力等方面得到了证实。与以往研究发现一致，该项研究在语音拼读上进一步证实了tDCS在长时保持上的有效性。例如，Meinzer等人2014年的研究发现，在正常被试对假词的学习方面，研究者连续五天对被试大脑LTPC区域施加正极tDCS刺激。结果发现，正极tDCS能够提高被试对假词的学习能力，并且这种tDCS的有效性在最后一次刺激之后的一周时间仍然存在。此外，在失语症的康复治疗方面，Floel等人2011年的研究发现，tDCS对失语症康复治疗的有效性能够持续到训练之后的很长一段时间。薛红莉等人2017年研究的意义在于：首先，正极tDCS重复作用于LTPC可能对第二语言尤其是涉及形音转换规则的语言学习效果的长时保持起到促进作用。其次，在深度语言障碍患者和在形音转换规则方面有缺陷的失语症患者的康复治疗方面，tDCS重复作用于LTPC可能对治疗效果的长时保持提供帮助。未来研究可以从这两方面进一步探讨正极tDCS重复作用于LTPC对语音拼读长时保持的促进作用。

上述部分阐述了正极tDCS作用于LTPC对拼读训练条件下未训练

过单词的学习成绩起到的促进作用。在拼读训练条件下训练过的单词的学习成绩也呈现了相似的规律，即tDCS作用于LTPC对该部分单词的学习成绩也具有促进作用。然而这种促进作用仅仅是一种趋势，在统计检验上并不显著。研究推测导致这种现象的原因可能是，随着训练程度的增加，拼读训练条件下训练过的单词的阅读策略从语音拼读的方式向语音提取的方式转换。为了验证这一推测，该研究进一步计算了TW_AD、TW_AS与UW_AS三者学习成绩之间的相关系数。如图8.7所示，研究发现，随着训练程度的增加，TW_AS与TW_AD之间的相关系数从第1次（$r = 0.20$，$p = 0.17$）到第4次（$r = 0.53$，$p < 0.001$）训练呈现增加的趋势；而TW_AS与UW_AS之间的相关系数从第1次（$r = 0.61$，$p < 0.001$）到第4次（$r = 0.52$，$p < 0.001$）训练呈现降低的趋势。以上结果与之前Mei等人2014年fMRI研究的发现是一致的，即随着对人工语言单词学习程度的增加，形音连接学习在神经机制上从语音拼读向语音提取转换。本研究的发现从行为层面验证了语言学习中形音连接的策略转换假说，进一步为该假说提供了证据。

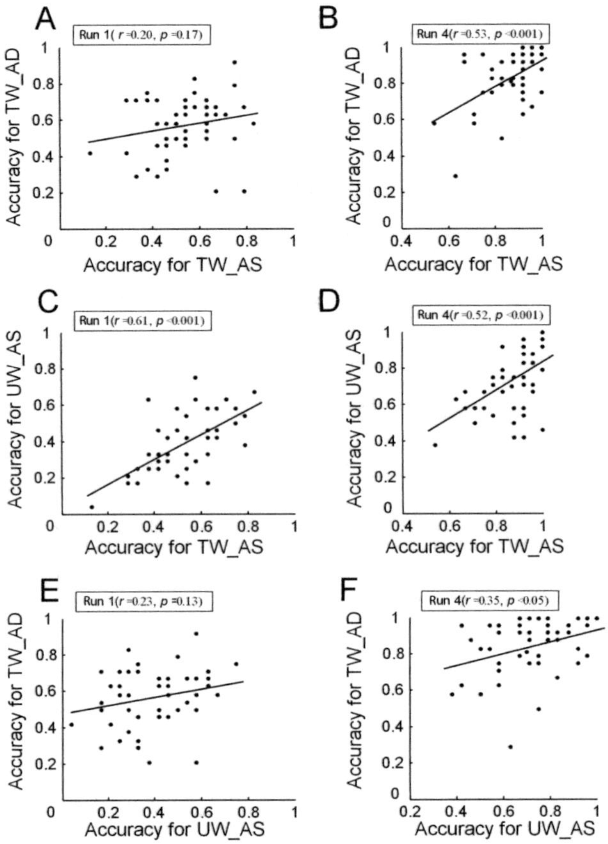

图 8.7　两种训练条件下训练成绩的相关系数

总之，薛红莉等人2017年的研究采用高清tDCS技术和人工语言训练的范式，清晰地揭示了LTPC特异性地在语音拼读中的因果作用。即正极tDCS作用于LTPC能够促进语音拼读的学习和长时保持，但对语音提取不影响。该研究结果为形音连接学习在神经机制上的分离提供了进一步的证据，对临床和教育领域具有重要的启示作用。然而，以下问题仍值得进一步探讨：第一，为了避免人工语言的练习效应和tDCS不同刺激区域对研究结果的影响，该研究在tDCS的刺激条件上采用了被试间设计，但在训练方法上采用了被试内设计。尽管在实验之前对两组被试进行了严格匹配，但他们可能在其他方面存在一些差异，仍然有些潜在的因素可能会对本研究的结果造成影响。因此，未来研究可以在较大的样本上验证本实验的发现。第二，虽然结合tDCS技术，该研究揭示了LTPC在语音拼读中的因果作用，然而未能具体解释tDCS作用于LTPC是如何促进语音拼读的。对于这一问题，未来研究可以将高清tDCS和功能影像两种方法相结合，进一步考察tDCS对语音拼读促进作用的神经机制。第三，该研究发现tDCS的效应在最后一次刺激四天后仍然存在，其他领域的有关研究发现了tDCS的效应能够持续更长时间，如几个月左右。Reis等人2009年有关技能获得的脑刺激研究表明，对大脑的重复刺激能够影响蛋白质的合成，这可能反映了tDCS的长时效应的神经机制。因此，未来研究可以通过间隔更长时间的测试来进一步证实tDCS效应的长时保持；同时可以从分子生物学的角度探讨tDCS长时效应的神经机制。第四，以往以及该研究采用人工语言训练范式证实了形音连接在认知和神经机制上的双通路。然而，由于人工语言涉及相对较少的词汇量，可能会消除自然语言中一些重要的效应，如临近效应和规则效应。因此，未来研究可以以自然语言为材料，采用严格的训练范式，考察正极tDCS作用于LTPC在临床和教育领域中的作用。

总之，有足够的证据表明，核心语言区域的tDCS可以影响一般的语言表现，特别是语言学习，为基于脑的可塑性矫正语言障碍和学习障碍提供了可能。已有研究证实，神经刺激技术可以纠正神经发育障碍儿童和青少年的语言迟缓问题，促进失语症的恢复并改善老年人的认知老化。此外，tDCS也被证实可以提高帕金森患者的言语流畅性。值得注意的是，关于刺激极性的特异性，现有的结果相当复杂。大多数研究都集中在阳极tDCS上，尽管如此，如上所述，阴极刺激也得到了积极的结果。因此，还需要更多的研究来探讨tDCS对语言学习的影响。

二、虚拟现实

随着全球化趋势的不断发展，英语已经成为许多国家和地区的必修课。然而，就目前的情况而言，语言学习对许多学生来说是一个耗时且具有挑战性的过程。语言学习困难的主要原因是缺乏真实的语言环境，学习者无法亲身接触相关语境，使用目标语言来学习，也就是说，必须为语言学习者提供一个真实的学习环境和有意义的任务。计算机技术作为一种学习工具提供了新的方法，并创造了真实世界的环境来改善语言学习。虚拟现实（Virtual Reality，简称VR）作为一种新技术，为语言学习者提供了众多的替代学习机会。VR是由计算机技术生成的三维环境，它可以提供一个类似于视觉模拟和其他感官的场景，通过计算机和各种设备与虚拟环境中的人、机器和其他实体进行通信。VR技术沉浸感、互动感和参与性的特点，使其在学习过程中整合多模态系统，包括视觉、听觉和动觉系统，可以促进学习者的具身表征，并可能提供更深入的学习经验。

Chen等人2022年的元分析研究表明，与非VR条件相比，VR辅助对语言学习具有增益作用，说明VR技术作为一种教育资源在提高语言学习方面具有巨大的潜力。例如，Huang等人2020年开发了一个基于VR的中文写作学习系统，并在高中写作课堂的效果上，与传统的技术支持学习方法进行了比较。结果发现，与参加传统技术支持学习课程的对照组相比，基于VR的中文写作学习系统提高了学生的写作成绩。Tai和Chen 2021年的研究证实了移动耳机虚拟设备对英语听力理解与视频学习的促进作用。此外，Cerezo等人2019年采用VR辅助语言学习来帮助学龄前儿童练习基本英语词汇的发音。结果发现，与传统语言学习方法相比，VR辅助语言学习显著提高了他们的表现力。认知神经科学的研究一致发现，成功的第二语言学习者可以激活连接视觉、运动和感觉大脑区域的分布式网络。Legault等人2019年的研究探讨了VR辅助第二语言学习中大脑结构的变化。短期的第二语言训练之后，传统的图片单词配对学习组在学习之后右侧额下回的皮层厚度增加，而VR学习组右侧顶下小叶的皮层厚度增加。以往研究认为，顶下小叶在具体化学习过程中发挥了重要作用，包括多感觉输入的整合、感觉运动处理和复杂的认知过程。由此说明VR辅助语言学习使用了更分布式、更整合的神经多模态系统。

目前有关VR对语言学习促进作用的研究，大多都集中在词汇相关的知识，例如词汇和写作，而缺乏语法知识和阅读技能相关研究。因此，VR辅助语言学习应用的多样性需要进一步探讨。另外，随着认知神经科学的发展，未来研究可以从神经机制的角度进一步探讨VR促进语言学习的本质。

三、基于神经影像的调节

基于神经影像的行为调节，主要包括两种策略。一种是采用实时fMRI和EEG技术不断地调节大脑的神经活动，当大脑呈现学习的最佳状态时，给被试呈现学习材料，从而提高学习成绩。例如，Yoo等人2009年通过实时fMRI技术考察了如何提高对场景图片的记忆力。他们首先通过一项实验发现，刺激出现之前旁海马区域BOLD的信号强度与记忆成绩呈负相关关系，因此认为旁海马区域BOLD的信号强度较弱时就是学习的较好状态，反之亦然。基于此，他们接下来的另一项实验发现，学习状态较好，即旁海马区域BOLD的信号强度较弱时呈现的图片比学习状态较差，即旁海马区域BOLD的信号强度较强时呈现的图片后续记忆成绩好。还有一种方法是通过行为调节使大脑活动呈现出有效的状态。例如，通过增加被试的注意或加强对材料的编码可以提高大脑的神经活动。如有研究发现，增加陌生视觉材料重复学习的呈现间隔能够提高大脑左侧梭状回、双侧顶上小叶的活动强度，从而提高学习成绩。

四、神经药理学方法

在神经药理学方面，研究发现多巴胺在人类多种认知功能中的重要作用，如注意、工作记忆、认知控制、奖赏以及动机方面。左旋多巴是神经递质多巴胺的受体，用来提高多巴胺的浓度，该药物通常用来提高帕金森患者的记忆能力。Knecht等人2004年以正常群体为被试的研究发现，左旋多巴能够提高被试对陌生单词记忆的准确性、速度以及长时保持。此外，服用兴奋剂能够诱导大脑释放多巴胺，从而促进语言的学习。例如，Breitenstein等人2004年以正常群体为被试的双盲研究发现，服用右苯丙胺能够显著提高陌生词汇学习的成绩和速度；Gilleen等人2014年的研究发现，服用莫达非尼能够提高一门新语言的学习成绩。

综上所述，已有研究在语言学习的促进和语言障碍的干预方面已经探索出了多种途径。以上方法的实施在语言学习的认知神经机制研究方面具有重要的理论和实践意义。一方面，为人们认识语言学习和语言障碍的认知神经机制提供了更进一步的因果水平的证据；另一方面，借鉴以上方法对阅读障碍的矫正、脑损伤患者语言功能的恢复以及正常个体第二语言学习方面都能够提供一定的帮助。不过，已有的语言训练也存在一些不足。首先，阅读障碍等语言障碍存在多种亚型，但是绝大多研究并未对参与训练的语言障碍者进行分类，而是进行统一的训练，缺乏针对性。其次，在训练效果的评估方面缺乏系统性、不够全面，这也导致了对于训练如何起效果的认知神经机制缺乏深入的研究。

主要参考文献

[1] ADAMS R B, JANATA P. A comparison of neural circuits underlying auditory and visual object categorization[J]. Neuroimage, 2002, 16(2): 361–377.

[2] ARAVENA S, SNELLINGS P, TIJMS J, et al. A lab-controlled simulation of a letter-speech sound binding deficit in dyslexia[J]. Journal of Experimental Child Psychology, 2013, 115(4): 691–707.

[3] BEAULIEU C, PLEWES C, PAULSON L A, et al. Imaging brain connectivity in children with diverse reading ability[J]. Neuroimage, 2005, 25(4): 1266–1271.

[4] BINDER J R, MEDLER D A, DESAI R, et al. Some neurophysiological constraints on models of word naming[J]. Neuroimage, 2005, 27(3): 677–693.

[5] CARTER J C, LANHAM D C, CUTTING L E, et al. A dual DTI approach to analyzing white matter in children with dyslexia[J]. Psychiatry Research, 2008, 172(3): 215–219.

[6] CHEN C S, XUE G, DONG Q, et al. Sex determines the neurofunctional predictors of visual word learning[J]. Neuropsychologia, 2007, 45(4): 741–747.

[7] DEHAENE S, COHEN L. Cultural recycling of cortical maps[J]. Neuron, 2007, 56(2): 384–398.

[8] DONG Q, MEI L L, XUE G, et al. Sex-dependent neurofunctional predictors of long-term maintenance of visual word learning[J]. Neuroscience

Letters, 2008, 430(2): 87–91.

[9] DOUGHERTY R F, BEN–SHACHAR M, DEUTSCH G K, et al. Temporal–callosal pathway diffusivity predicts phonological skills in children [J]. Proceedings of the National Academy of Sciences of the United States of America, 2007, 104(20): 8556–8561.

[10] FIEBACH C J, FRIEDERICI A D, MULLER K, et al. fMRI evidence for dual routes to the mental lexicon in visual word recognition [J]. Journal Cognitive Neuroscience, 2002, 14(1): 11–23.

[11] FIEZ J A, BALOTA D A, RAICHLE M E, et al. Effects of lexicality, frequency, and spelling–to–sound consistency on the functional anatomy of reading [J]. Neuron, 1999, 24(1): 205–218.

[12] FISCHL B, SERENO M I, DALE A M. Cortical surface–based analysis – II: Inflation, flattening, and a surface–based coordinate system [J]. Neuroimage, 1998, 9(2): 195–207.

[13] GOLESTANI N, MOLKO N, DEHAENE S, et al. Brain structure predicts the learning of foreign speech sounds [J]. Cerebral Cortex, 2007, 17(3): 575–582.

[14] GREICIUS M D, SRIVASTAVA G, REISS A L, et al. Default–mode network activity distinguishes Alzheimer's disease from healthy aging: evidence from functional MRI [J]. Proceedings of the National Academy of Sciences of the United States of America, 2004, 101(13): 4637–4642.

[15] HAGOORT P, INDEFREY P, BROWN C, et al. The neural circuitry involved in the reading of German words and pseudowords: a PET study [J]. Journal of Cognitive Neuroscience, 1999, 11(4): 383–398.

[16] HAMPSON M, TOKOGLU F, SUN Z D, et al. Connectivity–behavior analysis reveals that functional connectivity between left BA39 and Broca's area

varies with reading ability[J]. Neuroimage, 2005, 31(2): 513–519.

[17] HORWITZ B, RUMSEY J M, DONOHUE B C. Functional connectivity of the angular gyrus in normal reading and dyslexia[J]. Proceedings of the National Academy Sciences of the United States of America, 1998, 95(15): 8939–8944.

[18] JESSEN F, ERB M, KLOSE U, et al. Activation of human language processing brain regions after the presentation of random letter strings demonstrated with event-related functional magnetic resonance imaging[J]. Neuroscience Letters, 1999, 270(1): 13–16.

[19] JOBARD G, CRIVELLO F, TZOURIO-MAZOYER N. Evaluation of the dual route theory of reading: a metanalysis of 35 neuroimaging studies[J]. Neuroimage, 2003, 20(2): 693–712.

[20] KANSAKU K, YAMAURA A, KITAZAWA S. Sex differences in lateralization revealed in the posterior language areas[J]. Cerebral Cortex, 2000, 10(9): 866–872.

[21] KLINGBERG T, HEDEHUS M, TEMPLE E, et al. Microstructure of temporo-parietal white matter as a basis for reading ability: evidence from diffusion tensor magnetic resonance imaging[J]. Neuron, 2000, 25(2): 493–500.

[22] LAI C S L, FISHER S E, HURST J A, et al. A forkhead-domain gene is mutated in a severe speech and language disorder[J]. Nature, 2001, 413 (6855): 519–523.

[23] LEI L, PAN J, LIU H, et al. Developmental trajectories of reading development and impairment from ages 3 to 8 years in Chinese children[J]. Journal of Child Psychology and Psychiatry, 2011, 52(2): 212–220.

[24] MCCANDLISS B D, COHEN L, DEHAENE S. The visual word form area: expertise for reading in the fusiform gyrus[J]. Trends cognitive sciences,

2003,7(7):293–299.

[25] MCDERMOTT K B, PETERSEN S E, WATSON J M, et al. A procedure for identifying regions preferentially activated by attention to semantic and phonological relations using functional magnetic resonance imaging[J]. Neuropsychologia, 2003, 41(3):293–303.

[26] NIOGI S N, MCCANDLISS B D. Left lateralized white matter microstructure accounts for individual differences in reading ability and disability [J]. Neuropsychologia, 2006, 44(11):2178–2188.

[27] NOSARTI C, MECHELLI A, GREEN D W, et al. The impact of second language learning on semantic and nonsemantic first language reading [J]. Cerebral Cortex, 2010, 20(2):315–327.

[28] ODEGARD T N, FARRIS E A, RING J, et al. Brain connectivity in non–reading impaired children and children diagnosed with developmental dyslexia[J].Neuropsychologia, 2009, 47(8–9):1972–1977.

[29] PAULESU E, MCCRORY E, FAZIO F, et al. A cultural effect on brain function[J]. Nature Neuroscience, 2000, 3(1):91–96.

[30] PETRILL S A, DEATER–DECKARD K, THOMPSON L A, et al. Genetic and environmental effects of serial naming and phonological awareness on early reading outcomes[J]. Journal Educational Psychology, 2006, 98(1): 112–121.

[31] POLDRACK R A, WAGNER A D, PRULL M W, et al. Functional specialization for semantic and phonological processing in the left inferior prefrontal cortex[J]. Neuroimage, 1999, 10(1):15–35.

[32] QIU D Q, TAN L H, ZHOU K, et al. Diffusion tensor imaging of normal white matter maturation from late childhood to young adulthood: voxel–wise evaluation of mean diffusivity, fractional anisotropy, radial and axial

diffusivities, and correlation with reading development[J]. Neuroimage, 2008, 41(2):223–232.

[33] RIMRODT S L, PETERSON D J, DENCKLA M B, et al. White matter microstructural differences linked to left perisylvian language network in children with dyslexia[J]. Cortex, 2010, 46(6):739–749.

[34] ROEBROECK A, FORMISANO E, GOEBEL R. Mapping directed influence over the brain using Granger causality and fMRI[J]. Neuroimage, 2005, 25(1):230–242.

[35] SHAYWITZ B A, SHAYWITZ S E, PUGH K R, et al. Sex differences in the functional organization of the brain for language[J]. Nature, 1995, 373(6515):607–609.

[36] SHAYWITZ S E, SHAYWITZ B A, PUGH K R, et al. Functional disruption in the organization of the brain for reading in dyslexia[J]. Proceedings of the National Academy of Sciences of the United States of America, 1998, 95(5):2636–2641.

[37] TAIPALE M, KAMINEN N, NOPOLA-HEMMI J, et al. A candidate gene for developmental dyslexia encodes a nuclear tetratricopeptide repeat domain protein dynamically regulated in brain[J]. Proceedings of the National Academy of Sciences of the United States of America, 2003, 100(20):11553–11558.

[38] TAN L H, CHEN L, YIP V, et al. Activity levels in the left hemisphere caudate-fusiform circuit predict how well a second language will be learned[J]. Proceedings of the National Academy of Sciences of the United States of America, 2011, 108(6):2540–2544.

[39] VAN DER MARK S, BUCHER K, MAURER U, et al. Children with dyslexia lack multiple specializations along the visual word-form (VWF) system

[J]. Neuroimage,2009,47(4):1940–1949.

[40] VANDERMOSTEN M,BOETS B,WOUTERS J,et al. A qualitative and quantitative review of diffusion tensor imaging studies in reading and dyslexia[J]. Neuroscience Biobehavioral Reviews,2012,36(6):1532–1552.

[41] VIGNEAU M,BEAUCOUSIN V,HERVE P Y,et al. Meta–analyzing left hemisphere language areas:phonology,semantics,and sentence processing [J]. Neuroimage,2006,30(4):1414–1432.

[42] WELCOME S E,CHIARELLO C,THOMPSON P M,et al. Reading skill is related to individual differences in brain structure in college students[J]. Human Brain Mapping,2011,32(8):1194–1205.

[43] WONG P C M, PERRACHIONE T K, PARRISH T B. Neural characteristics of successful and less successful speech and word learning in adults[J]. Human Brain Mapping,2007,28(10):995–1006.

[44] WONG P C M ,WARRIER C M,PENHUNE V B,et al. Volume of left Heschl's Gyrus and linguistic pitch learning[J]. Cerebral Cortex,2008,18 (4):828–836.

[45] XIONG J H,RAO S,GAO J H,et al. Evaluation of hemispheric dominance for language using functional MRI: a comparison with positron emission tomography[J]. Human Brain Mapping,1998,6(1):42–58.

[46] XUE G,CHEN C,JIN Z,et al. Language experience shapes fusiform activation when processing a logographic artificial language:an fMRI training study[J]. Neuroimage,2006,31(3):1315–1326.

[47] ZATORRE R J,MEYER E,GJEDDE A,et al. PET studies of phonetic processing of speech:review,replication,and reanalysis[J]. Cerebral Cortex, 1996,6(1):21–30.

[48] ZHANG M X,CHEN C X,XUE G,et al. Language–general and

specific white matter microstructural bases for reading[J]. Neuroimage, 2014, 98:435–441.

[49] ZHANG M X, LI J, CHEN C S, et al. The contribution of the left mid-fusiform cortical thickness to Chinese and English reading in a large Chinese sample[J]. Neuroimage, 2014, 65:250–256.

[50] ZHANG Y P, TARDIF T, SHU H, et al. Phonological skills and vocabulary knowledge mediate socioeconomic status effects in predicting reading outcomes for Chinese children[J]. Developmental Psychology, 2012, 49(4): 665–671.

[51] 宋伟,薛红莉.遗传与失语症语言障碍研究[J].淮北师范大学学报(哲学社会科学版),2012,33(5):126–128.

[52] 修代明,薛红莉.学习与记忆神经机制研究进展[J].生物学通报,2013,48(8):1–3.

[53] 薛红莉,薛贵.阅读能力个体差异的神经机制研究进展[J].当代语言学,2016,18(4):549–567.

[54] 薛红莉,梅磊磊,薛贵,等.学习方法对陌生语言字形学习的影响[J].心理科学,2017,40(5):1111–1116.